DUMONT DIREKT

Dresden

Siiri Klose

Inhalt

Das Beste zu Beginn

›Canaletto‹-Blick auf die Altstadt
Vom Königsufer aus wirkt die Altstadt, als hätte jemand alle Highlights für ein Familienfoto zusammengerückt. Als ›Canaletto-Blick‹ ist diese Ansicht berühmt geworden – der Maler hat sie 1748 verewigt. Trotz kurzer Distanz zum Altstadt-Trubel ist das Königsufer (🕮 Karte 2, D/E 4) nicht aus seiner saloppen Gemächlichkeit zu bringen.

Steriler Name, tolles Museum
Nicht vom Namen abschrecken lassen: Das Deutsche Hygiene-Museum ist das spannendste, wissensträchtigste Museum über Körper und Geist, das Kinder und Erwachsene finden können. Der Titel der Dauerausstellung »Abenteuer Mensch« trifft es besser. Dort geht's um Geburt & Sterben, Essen & Trinken, Sexualität, Sport & Schönheit (► S. 54).

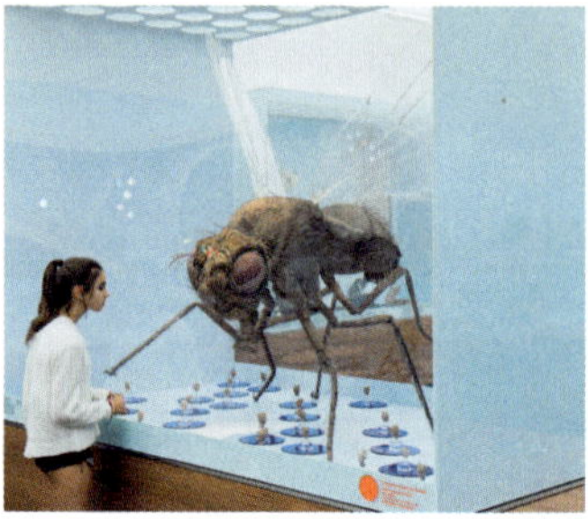

Moschee-Optik für Zigarettenfabrik
Die morgenländische Kuppel der Yenidze gehört seit 1909 zum Stadtbild (inkl. Kuppelrestaurant und toller Aussicht auf die Stadt). Minarette und Hufeisenbögen täuschen eine Moschee indes nur vor (► S. 23).

So jung ist Dresden sonst nirgends
Der Altersdurchschnitt sinkt in der Neustadt (🕮 D/E 3/4) rapide von den üblichen 43 auf 31 Jahre, die Kneipendichte steigt dafür auf zwei in Greifweite, plus Platten-, Klamotten- oder Genussläden im Dutzend. Kleine Zeitfenster gibt's auch: Seit DDR-Zeiten bringt der Eisen-Feustel auf der Bautzner Str. 51 den Studenten bei, wie ein Rollo passend und ein Dübel richtig fest gemacht wird.

Montags lieber nicht …
Immer wieder irritierend können die Montagabende in der Dresdner Altstadt sein. Denn montags ist Pegida-Zeit, und obwohl die Aufläufe nicht mehr so groß sind wie anfangs, sind es immer noch zu viele von ihnen.

Im Dezember lässt die Stadt niemanden unbehelligt …
Den berühmten Striezelmarkt können Sie getrost auslassen. Beim Elbhangfest-Markt am Körnerplatz (🗺 J 4) dagegen bietet sich gleich noch ein Spaziergang über das Blaue Wunder an. Und der romantische Weihnachtsmarkt auf dem Neumarkt (🗺 Karte 2, D 4/5) wärmt mit echtem Feuer.

Die Altstadt in 20 Minuten
Kurzes Laufprogramm zu ihren allerwichtigsten Sehenswürdigkeiten (🗺 D/E 4/5): vom Theaterplatz durch das Tor der Sempergalerie in den Zwingerhof, beim Glockenspielpavillon wieder hinaus, hinterm Residenzschloss auf der Augustusstraße (Fürstenzug!) zum Neumarkt – dem Johanneum stiehlt an dieser Stelle die Frauenkirche die Show. An der Kunsthochschule vorbei, am George-Treu-Platz hinauf zur Brühlschen Terrasse: Elb-Stadt-Panorama genießen, auf der großen Freitreppe hinunter zum Schlossplatz. Hinter der Hofkirche schließt sich der Kreis am Theaterplatz.

Sixtina muss sein!
Die Alten Meister in der Gemäldegalerie sind außergewöhnlich in Zahl, Vielfalt und Qualität. Raffaels »Sixtinische Madonna« (► S. 30) ist die Krönung von allen. Und zu ihren Füßen: zwei weltbekannte Engelköpfe.

Sind Sie länger in der Stadt?
Dann heißt es raus in die Sächsische Schweiz! Die S-Bahn fährt halbstündlich in 40 Minuten vom Hauptbahnhof nach Königstein. Von dort führt eine einstündige Wanderung zum Lilienstein (Rundweg 2,5 Std.).

In Dresden aufgewachsen, ging ich lange davon aus, dass jede größere Stadt ihre Sammlung altmeisterlicher Gemälde hat. Ein Kunstgeschichtsstudium später war mir klar: Im Normalfall haben so was nur Hauptstädte. Und Dresden.

Fragen? Erfahrungen? Ideen?

Ich freue mich auf Post.

@ *Mein Postfach bei DuMont:*
s.klose@dumontreise.de

Das ist Dresden

Die Dresdner lieben ihre Stadt. Die Dresdner streiten um ihre Stadt. Manche sind sich offen, manche insgeheim sicher: Ihre Stadt ist der Nabel der Welt. Als Dresdnerin kann ich sagen: Sie haben Grund zu der Annahme.

Daheim in der ersten Liga

Wer sich für Musik interessiert, begegnet Dresden meist zum ersten Mal durch eine Aufführung in der Semperoper. Oder durch ein ungewöhnliches Konzert im Rahmen der Musikfestspiele. In Dresden haben Komponisten wie Strauss, Weber und Wagner ebenso ihre Wurzeln wie der moderne Ausdruckstanz, der heute Teil des Lehrprogramms der Palucca Hochschule für Tanz ist. Was Dresdens Kunstsammlungen zu bieten haben, haben in anderen Ländern oft nicht einmal die Hauptstädte aufzuweisen. Allein die Bestände der Gemäldegalerie Alte Meister lassen Dresden in einer Liga mit München, Berlin und Wien spielen. Denn neben den beiden Raffael-Engelchen, die sich längst zu Weltbürgern aufgeschwungen haben, gibt es noch 750 andere Meisterwerke der italienischen Renaissance und des flämisch-holländischen Barock. Die Kinder hier wachsen auf mit Correggio, Tizian und Rembrandt; mit den Gold- und Edelsteinschätzen des Grünen Gewölbes; mit dem prunkvollsten und kostbarsten Porzellan. Und wer die anmutigen Schüsselchen aus Japan, China und Meißen in der angrenzenden Bogengalerie des Zwingers zu Gesicht bekommt, versteht sofort, warum August der Starke nicht genug kriegen konnte von diesem weißen Gold.

Das Erbe August des Starken

An August dem Starken kommt ohnehin keiner vorbei, der auch nur ein bisschen an Dresdens zeitgenössischer Oberfläche kratzt. Von der Liebe zur Kunst bis zum Hang zum Größenwahn wird sein Erbe seit 300 Jahren lebendig gehalten. Dieser sächsische Kurfürst und polnische König schaffte es nachhaltig, den Reichtum seiner Residenzstadt in aller Pracht zu zeigen. Das Silber und die anderen Metalle des Erzgebirges bildeten dafür bereits seit dem 12. Jh. den Grundstock. Doch das Erz sorgte nicht nur für bare Münzen: Um es zu fördern und zu nutzen, brauchte es Brennöfen, Kenntnisse chemischer und physikalischer Prozesse, Transportmittel, Vermessungstechniken. 1765 wurde die Bergakademie im nahen Freiberg gegründet – die erste Bergakademie im deutschen Raum. Und die Erfindung des europäischen Porzellans in Dresden 1708 war nicht das zufällige Ergebnis eines durchgeknallten Alchimisten auf der Suche nach Gold, als der Johann Friedrich Böttger oft noch immer hingestellt wird, sondern das Resultat einer systematischen Material- und Technologieforschung.

Dresdens Schönheit

Die Pole Wissenschaft, Technologie und Wirtschaft auf der einen und Kunst und Kultur auf der anderen Seite bestimmen Dresden bis heute. Manchmal, wie beim Bau der Waldschlösschenbrücke, die Dresden 2006

Dresdens Schönheit im Dämmerlicht

den Titel UNESCO-Welterbe Dresdner Elbtal gekostet hat, sorgen sie für Reibung: Damals standen die Bewahrer der grünen, naturnahen Elbwiesen gegen die Förderer einer wirtschaftsgerechten, schnellen Autoverbindung des Uni-Standortes im Süden mit den Hightech-Ansiedlungen im Norden – und verloren. Denn Dresdens Schönheit ist auch der sensibelste Punkt der Stadt: Die unmittelbare Nähe zu großartigen Landschaften, die Wiesen, die entlang der Elbe ein Stück Wildnis in die Stadt tragen, die großzügigen Stadtgärten in Gründerzeit-Vierteln wie Striesen und die verwildert-vergessenen Brachen … Ihre Gegner heißen Verdichtung, Zersiedlung und autogerechte Stadt. Glücklicherweise hat der größte Teil der Dresdner begriffen, dass ihnen diese Art von Stadtentwicklung nicht gut tut. Und eine andere auch nicht: Heute stehen Wirtschaft, Wissenschaft, Kultur und Politik zusammen gegen den dumpfen Fremdenhass von Pegida.

Geburtenhauptstadt Deutschlands

Pegida stört das sympathische Bild, das Dresden für sich verbuchen könnte. Es gibt eine breite Ursachensuche, was genau die Leute auf die Straße treibt, denn verglichen mit anderen Städten hat Dresden kein multikulturelles Straßenbild. Vielleicht ist es vielmehr eine grundlegende Verunsicherung: Seit Dresden 2006 seine kommunalen Wohnungen verkaufte, um schuldenfrei zu werden, hat die Stadt keinerlei Einfluss mehr auf den Wohnungsmarkt. Steigende Mieten gentrifizieren die Stadtviertel, während die Gehälter 17 Prozent unter dem deutschen Durchschnittsniveau liegen. Dass die Stadt wächst, macht es nicht einfacher – aber Dresden doch wieder sympathisch: Hier kommen pro Einwohner mehr Kinder zur Welt als in jeder anderen deutschen Stadt, hier nimmt fast die Hälfte der Väter Vätermonate, hier sitzen mehr Frauen in Chefpositionen als in jedem anderen Bundesland. Und Pegida? Das wächst sich aus.

Dresden in Zahlen

3

3. Liga. Was für eine Schmach. Wir lieben Dynamo Dresden trotzdem. Aber mit deutlich mehr Schmerzen.

41

Prozent der Väter beantragen Elterngeld. In Dresden scheinen sogar die Chefs mitzuspielen …

46

Forschungseinrichtungen vom Max-Planck- bis zum Leibnitz-Institut haben ihren Sitz in Dresden. Das macht knapp 33 Forscher pro 1000 Erwerbstätige (in München etwa sind es 28).

92

Prozent des Gehalts ihrer männlichen Kollegen erhalten Frauen hier. Zusammen mit den Karrierechancen macht das Dresden zur frauenfreundlichsten Stadt Deutschlands.

100

Meter ist der Hausmannsturm des Residenzschlosses hoch – und bietet die höchste Sicht auf Dresden.

134

Kilometer Streckenlänge umfasst das Schienennetz der Straßenbahnen.

187

Gramm Blattgold überziehen den Goldenen Reiter!

30

Kilometer lang fließt die Elbe durch Dresdens Stadtgebiet.

251

Meter hoch ist der Fernsehturm. 1991 wurde das Café auf 145 Metern Höhe geschlossen – ein herber Verlust für die Stadt.

01099

ist die Postleitzahl der Äußeren Neustadt. Seit dem Gute-Laune-Song »Durstlöscher« steht sie auch für ein paar junge Dresdner Hip-Hopper, die es meisterhaft verstehen, Elbwiesensommergefühle in Musik zu packen.

1500

Firmen und 48 000 Beschäftigte in der Mikroelektronik machen Dresden zur Nr. 1 in Europa.

5697

Kinder kamen 2021 in Dresden zur Welt. Nachdem die Geburtenzahl nach der Wende jahrelang sank, freuen sich jetzt alle über den Nachwuchs!

70 000

Konzertbesucher konnte Roland Kaiser 2022 für sich verbuchen.

380 000 000

Euro ließ sich der Freistaat Sachsen den Wiederaufbau des Residenzschlosses kosten. Dafür ist es jetzt sein schickstes Museumsquartier!

28 400 000 000

Liter Wasser fließen durchschnittlich an einem Tag unter Dresdens Brücken hindurch. Beim Hochwasser im Jahr 2002 war es achtmal so viel.

Was ist wo?

▶ Die Elbe fließt mitten durch Dresden und schafft mit ihren weiten Elbwiesen eine höchst lebendige Verbindung zwischen den Stadtteilen an ihren Ufern. Das flache Elbtal der Südseite bildet dabei einen reizvollen Kontrast zu den steilen Hängen auf der nördlichen Uferseite, die mit ihrer Weinbergsbewirtschaftung, Schlösser- und Villenbebauung sehr malerisch wirkt.

Das Stadtzentrum

Eine Elbfurt ungefähr an der Stelle, wo heute die **Augustusbrücke** steht, ein Kastell zum Bewachen dieser Furt, eine Vorgängerin der heutigen Frauenkirche und das höher gelegene und damit hochwassergeschützte Gelände am **Taschenbergpalais** – zwischen diesen geografischen, geistigen und politischen Gegebenheiten spielte sich Dresdens Stadtwerdung vor über 800 Jahren ab. Bis heute ist in diesem kleinen Geviert (Karte 2, D 4) alles vorhanden, was Dresdens Bekanntheit ausmacht: Semperoper, Zwinger, Residenzschloss, Hofkirche, Johanneum, Brühlsche Terrasse und natürlich auch die **Frauenkirche** – der kaum noch jemand ansieht, dass sie mitsamt dem Neumarkt rundherum vor zwanzig Jahren noch nicht existierte. Dafür lässt sich die heutige Bebauung am besten mit einem Blick vom Hausmannsturm des Schlosses oder von der Kuppel der Frauenkirche aus betrachten.

Sprung über die Elbe

Die Augustusbrücke führt hinüber zur **Inneren Neustadt** (Karte 2, D/E 3/4) mit dem **Japanischen Palais** am Palaisplatz und dem alten Barockviertel rund um die Königstraße, die von dem Platz abgeht und bis zum **Albertplatz** führt. Hier und in der benachbarten Hauptstraße laden exklusive Geschäfte, gute Restaurants und Cafés zum Flanieren ein. Unbedingt dazu gehören sollte ein Spaziergang am **Königsufer,** der beliebtesten innerstädtischen Grünanlage.

Szeneviertel

Ab dem Albertplatz ändert sich das geruhsame Bild: Im Szeneviertel **Äußere Neustadt** (Karte 2, E 2/3) sinkt das Durchschnittsalter auf Studentenniveau, dafür steigt die Anzahl der Kneipen und Bars sprunghaft. Zwischen den geschlossenen, in der Gründerzeit gebauten Straßenzeilen gedeihen Subkulturen, die ihren Ausdruck in Galerien, Clubs und Läden mit schräger Produkt- bzw. Programmpalette finden. Der ohnehin belebte Stadtteil füllt sich in den Abendstunden: Dresdens Nachtleben ist hier bei Weitem am lebendigsten.

Der Große Garten

Die stark befahrene **Petersburger Straße** trennt die Innenstadt in Höhe des Rathauses von der östlich gelegenen Parkanlage, die von der Bürgerwiese in den Blüherpark und schließlich in den **Großen Garten** (E/F 6) führt – Dresdens größte und älteste Parkanlage auf zwei Quadratkilometern Fläche. Im Zentrum liegt ein frühbarockes Palais, zu dem symmetrische Schaubeete und Wasserflächen gehören. Dann verlieren sich die Wege in einer englischen Parklandschaft und führen zu einem Gondelteich mit nettem Café, großen Spiel- und Liegewiesen und den Bahnhöfen der Parkeisenbahn. Das Georg-Arnhold-Bad mit großer Außenanlage, das Fußballstadion des Dynaomo Dresden, der **Zoo** und der **Botanische Garten,** die Gläserne Manufaktur von VW und das Deutsche Hygiene-Museum gehören ebenfalls zu diesem Areal.

Entlang der Elbe

Was Dresdens Lebensqualität ausmacht, lässt sich am besten flussaufwärts entlang der Elbe auf der Neustädter Seite erahnen. Die städtische Bebauung lichtet sich, ab **Loschwitz** (🕮 J 4) bestimmen die Villen und Winzerhäuser am Elbhang das Bild, akzentuiert durch das **Blaue Wunder,** die Loschwitzer Brücke. Danach folgen die Elbdörfer und als krönender Schlusspunkt das **Pillnitzer Schloss** (🕮 Karte 3) mit seiner Wasser-Freitreppe und dem weitläufigen Park. Wer sich zu Fuß auf den alten Treidlerwegen am Ufer aufmacht, wird schnell erkennen: die urwüchsige Verbundenheit zwischen Natur- und Stadtraum ist Dresdens eigentliche Sehenswürdigkeit.

Historische Stadtviertel

Dresden wurde im Zweiten Weltkrieg in Grund und Boden gebombt. Jedes einzelne historische Gebäude im Stadtzentrum wurde wieder aufgebaut. Das ist auch der Grund, warum nur wenige Schritte vom Zentrum entfernt die schmucklose, wohnraumorientierte Nachkriegsbebauung beginnt. Historische Viertel haben sich in einiger Entfernung davon erhalten: Die Gartenstadt **Hellerau** (🕮 Karte 5, B 1), das grüne Villenviertel **Blasewitz** (🕮 H/J 4/5) und die Würfelhäuser von **Striesen** (🕮 G/H 5/6) aus der Gründerzeit, die Fabrikanlagen aus der Jahrhundertwende im historischen Arbeiterviertel **Pieschen** (🕮 B/C 1) und die im 19. Jh. angelegten Kasernen der **Albertstadt** (🕮 F 1) mit dem angrenzenden Preußischen Viertel und seinen Offiziersvillen legen Zeugnis von Dresdens Vorkriegs-Schönheit ab.

Umgebung

Das **Schloss Moritzburg** (🕮 Karte 5, B 1), **Meißen** (🕮 Karte 5, A 1) mit seinem mittelalterlichen Stadtkern und die **Radebeuler Weinbergswege** (🕮 Karte 5, B 1) im Westen, die bizarren Felsformationen des **Elbsandsteingebirges** (🕮 Karte 5, D 2/3) im Osten – Dresden punktet auch mit seiner kulturell und landschaftlich abwechslungsreichen Umgebung. Nahe Ziele für Tagesausflüge gibt es genug.

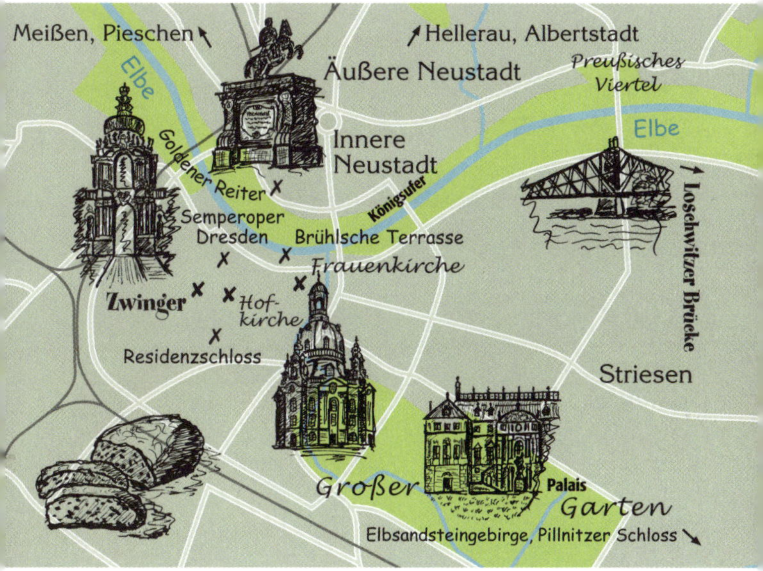

Augenblicke

Hinterhof-Harmonie

So neu ist die Neustadt gar nicht. Vielmehr besteht der Charme des Gründerzeitviertels aus seiner alten Bausubstanz – kombiniert mit den vielen Ideen seiner Bewohner. Das Raskolnikoff etwa verdankt sein Dasein den jungen Künstlern, die in den 80er-Jahren das dem Abriss geweihte Haus übernahmen und einen Systemzusammenbruch später die Stühle für eine der ersten Szenekneipen zusammenlöteten.

Nicht geplatzt …

… ist der Traum von einer wieder aufgebauten Frauenkirche. Von 1945 bis 1990 erzählte sie als Trümmerhaufen mit Fassadenresten von Dresdens großer Kriegswunde. Dann gelang dank weltweiter Spenden der Wiederaufbau – und mit der Frauenkirche verwandelte sich der ganze Neumarkt von einer Brache zu einem Platz.

Tagsüber ist sie blau

Oder besser blaugrau: Seit ihrem ersten blauen Anstrich nach der Erbauung um 1893 hat nie wieder jemand ›Loschwitzer Brücke‹ gesagt. Sie ist das Blaue Wunder geworden, auch wenn sie zu dieser blauen Stunde eher schwarz aussieht. Aus dem Villenvorort Blasewitz und der Sommerfrische Loschwitz hat die Brücke ein Stück Stadt gemacht. Und die Elbe? Bleibt gelassen – wenn nicht gerade ein Hochwasser ansteht.

Ihr Dresden-Kompass

#2

Barocke Übersprungs-handlung – **der Dresdner Zwinger**

#3

Wo die Engel wohnen – **die Gemäldegalerie Alte Meister**

Die Rückkehr der Orangenbäume

VERMEER, VERONESE UND ZWEI WONNE-PROPPEN

#1

Schaufenster Dresdens – **der Theaterplatz**

VON BAROCKEN HELDEN UND ANDEREN AUSSEN-SEITERN

WOMIT FANGE ICH AN?

3 2 1 15 14 13 12

SOZIALREFORMERISCHES EXPERIMENT IM GRÜNEN

#15

Die Idee von einem besseren Leben – **die Gartenstadt Hellerau**

Besuch einer Kamelie

#14

Monarchen und Mätressen – **das Schloss Pillnitz**

Erholung auf sächsisch

TREFFPUNKT DER DENKER UND POETEN

#13

Besenwirtschaften und Himmelsleitern – **auf der Sächsischen Weinstraße**

#12

Hier schwebt's sich gut – **mit der Seil-bahn ins Goldstaub-viertel**

#4
Der Louvre von Sachsen – **das Residenzschloss**

#5
Wie Phönix aus der Asche – **rund um die Frauenkirche**

#6
Die Ostmoderne hält Einzug – **Altmarkt und Prager Straße**

#7
Stadt, Wiese, Fluss – **Innere Neustadt und Königsufer**

#8
Wo sich Punk und Polizist Gute Nacht sagen – **Szeneviertel Neustadt**

#9
Alle Zutaten für einen Sonntagsausflug – **der Große Garten**

#11
Die drei Grazien vom Hang – **die Elbschlösser**

#10
Erleben Sie Ihr ›Blaues Wunder‹ … und mehr – **der Elberadweg**

1

Schaufenster Dresdens – der Theaterplatz

Zwinger, Sempergalerie, Semperoper, Hofkirche und Residenzschloss: Sie alle stehen in Blickweite rund um den Theaterplatz. Für einen schnellen Überblick ist er der ideale Ausgangspunkt. Der Platz selbst gibt sich majestätisch – mit König Johann, dem Dante-Übersetzer, im Zentrum. Und bis zu einem guten Kaffee ist es auch nicht weit.

Eine gelungene Komposition: Die Hofkirche, das Reiterstandbild von König Johann und die Semperoper am Theaterplatz spiegeln sich in der Luxusvariante eines wieder hergerichteten Trabis – alles schön auf Vordermann gebracht.

Der Theaterplatz ist – gemessen an den historischen Bauten, die ihn umgeben – stadtgeschichtlich relativ neu. Nachdem das Gelände nicht mehr zur Festungsanlage gehörte, sollte das Zwinger-Ensemble hier bis zur Elbe fortgeführt werden. Doch dieser Plan Augusts des Starken wurde nie verwirklicht. Erst 1837 übertrug König Friedrich August II. dem Architekten Johann Gottfried Semper die Gestaltung des heutigen Theaterplatzes samt Opernhaus und Gemäldegalerie. Anders als bei gewachsenen Stadtplätzen gibt

es keine geschlossenen Häuserfronten, sondern eine Umrahmung mit Architektur-Solitären – und was für welchen! Angefangen beim Schloss im Renaissance-Stil über die barocke Hofkirche und den Klassizismus der Schinkelwache reicht das Spektrum bis zur Neo-Renaissance von Oper und Galerie.

Erbaut von einem ›Outlaw‹

Die **Semperoper** 1, Namensgeberin des Platzes (Theater!), ist durch ihre mächtige halbrunde Architektur auch das dominierende Gebäude. 1838–41 baute Semper das Königliche Hoftheater, in dem Richard Wagner die Hofkapelle (heute Staatskapelle) leitete, bis er 1849 wie Semper Dresden verlassen musste, weil sich beide am Dresdner Maiaufstand beteiligt hatten mit dem Ziel, den sächsischen König zu stürzen und eine Republik auszurufen. Nachdem die Oper allerdings schon 1869 abbrannte, baten die Dresdner Semper um ein neues Haus. Der neuen Opernfassade verlieh er eine Rustikagliederung nach dem Vorbild der italienischen Palazzi des 15. Jh. Dennoch war Sempers Architektur revolutionär: Seinem Baukörper ist abzulesen, wo sich das Rundfoyer, die Treppenhäuser und die Bühne befinden – ein Vorläufer des ›form follows function‹ also.

Nach ihrer zweiten Zerstörung im Zweiten Weltkrieg entschied die DDR-Regierung, die sonst wenig zimperlich mit geschichtsträchtigen Ruinen umging, 1976 überraschend den Wiederaufbau der Oper. Original-Baupläne gab es nicht, Gewerke wie Marmorierer oder Stuckateur waren in der DDR-Planwirtschaft ausgestorben. Andererseits wurde 1974 der Studiengang Restaurierung an der Dresdner Kunsthochschule eingerichtet und die chronische Unterversorgung mit Baustoffen galt nicht für die Oper.

Gipfeltreffen großer Komponisten

1985 eröffnete der »Freischütz« von Carl-Maria von Weber das neue Haus. Versteckt zwischen Semperoper und Zwinger steht das **Denkmal des Komponisten** 2, geschaffen von Ernst Rietschel um 1860. Weber leitete die Hofkapelle von 1819 bis 1826 und steht in einer langen Reihe großer Namen, die Dresden musikalischen Weltruhm

S
SEMPER

Sie gilt vielen als schönstes Opernhaus der Welt: die **Semperoper.** Stolz trägt sie den Namen ihres Erbauers. Wenige allerdings wissen, dass Semper ›nur‹ die Pläne zeichnete, die Bauarbeiten beaufsichtigte sein Sohn. Semper selbst hatte Dresden längst den Rücken gekehrt. Warum? Er und sein Freund Richard Wagner waren 1849 während des Maiaufstandes als überzeugte Republikaner für bürgerliche Grundrechte auf die Barrikaden gegangen. Semper musste fliehen – gegen ihn war als »Demokrat 1. Klasse« und »Haupträdelsführer« ein Haftbefehl erlassen worden. Der wurde 1863 zwar aufgehoben, aber Semper mied Dresden fortan.

bescherten: Heinrich Schütz baute im 16. Jh. die Hofkapelle auf und versorgte sie mit seinen Kompositionen. Mit ihr brachte Richard Wagner den »Fliegenden Holländer« und den »Tannhäuser« zur Uraufführung, Richard Strauss feierte seinen Durchbruch als Komponist des »Rosenkavaliers«, Robert Schuhmann betätigte sich als Chorleiter. Gerade übernahm Daniele Gatti die Leitung der Sächsischen Staatskapelle von Christian Thielemann.

»Aus dem Italienischen von Philalethes«

Der Oper voraus reitet König Johann von Sachsen (1801–73) als **Reiterstandbild** 3, gefertigt um 1889 von Johannes Schilling, der auch die Panther-Quadriga der Oper schuf. Der Gewürdigte war ein gelehrter König: Unter dem Namen Philalethes übersetzte er Dantes »Göttliche Komödie«, er war ein Freund Carl Gustav Carus, Goethes und Ludwig Tiecks. Auf dem Sockel des Standbilds sind Verkehr, Industrie und Handel dargestellt – Bereiche, die unter dem beim Volk äußerst beliebten Johann einen regen Aufschwung nahmen.

▶ LESESTOFF

Die Wachablösungen müssen ähnlich spektakulär gewesen sein wie heute die vorm Buckingham-Palace. Wie es in Schloss und Wache im frühen 20. Jh. zuging, beschreibt Arnold Vieth von Golßenau alias Ludwig Renn sehr lebendig in seiner Autobiografie **Adel im Untergang** (1944).

Vom Stararchitekten des 19. Jh.

Die 1833 in Form eines griechischen Tempels erbaute **Schinkelwache** 4 ist eher ungewöhnlich für das barockverliebte Dresden. Der Entwurf der auch Altstädter Wache genannten Polizeiwache stammt von Karl Friedrich Schinkel, dessen strenger Klassizismus in Berlin stilbildend wurde.

Das Italienische Dörfchen 5 als Pendant an der Elbe stammt vom Dresdner Stadtarchitekten Hans Erlwein (1872–1914). Es heißt noch immer nach den Hütten der italienischen Bauleute, die im 18. Jh. die Hofkirche aufbauten.

Aufs Herz geschaut ...

Mit ihrem dampferähnlichen Kirchenschiff gibt die **Hofkirche** 6 (Kathedrale St. Trinitatis) Schlossplatz und Theaterplatz einen Rahmen. Seit August der Starke im Jahr 1697 im reformierten Sachsen zum Katholizismus übertrat, um als Bewerber für die polnische Krone in Frage zu kommen, blieben die sächsischen Kurfürsten beim katholischen Glauben. Die katholisch geweihte Hofkirche errichtete der Italiener Gaetano Chiaveri 1755 im römischen

INFOS/ÖFFNUNGSZEITEN

Semperoper-Besucherservice in der Schinkelwache 4: Theaterplatz 2, www.semperoper.de, T 0351 491 17 05, Mo–Fr 10–18, Sa 10–17, Jan.–März 10–13 Uhr
Hofkirche 6: Schloßstr. 24, Mo–Do 10–17, Fr 13–17, Sa 10–17, So 12–16 Uhr, Termine für Führungen unter T 0351 31 56 31 38, www.kathedrale-dresden.de

DRESDNER ITALIENSEHNSUCHT

Restaurant und Kaffeehaus im Italienischen Dörfchen: 5 Theaterplatz 3, T 0351 49 81 60. www.kaffeehaus-dresden.de, Mai–Sept. tgl. 9–18, Okt.–April Mi–So 9–17.30 Uhr, Frühstück, Eiscafé oder deutsche und italienische Küche, €€

KULINARISCHES FÜR ZWISCHENDURCH

Kobers Chiaveri 1: Bernhard-von-Lindenau-Platz 1, T 0351 496 03 99, www.das-kobers.de, Mo–Fr 11–23, Sa 17–23 Uhr, €
Kuppelrestaurant 2: Weißeritzstr. 3, T 0351 490 59 90, www.kuppelrestaurant.de, tgl. 12–22 Uhr, sächsische und orientalische Küche, €

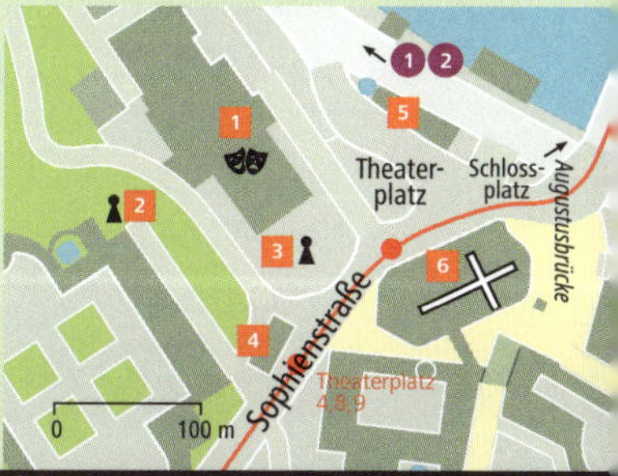

Cityplan: Karte 2, D 4 | **Tram** 4, 8, 9: Theaterplatz

Barock auch als Antwort auf die protestantische Frauenkirche, die George Bähr für den Geschmack des Dresdner Hofes 1743 mit zu viel bürgerlichem Selbstbewusstsein fertigstellte.

Die 78 Heiligenskulpturen auf der Balustrade und in den Nischen fertigte Lorenzo Mattielli, der vorher am Wiener Hof arbeitete. Im Inneren liegt die **Wettiner-Gruft,** in der auch das Herz Augusts des Starken beigesetzt ist. Seine Gebeine liegen in Krakau. Weitere Besonderheiten der Hofkirche sind das Altarbild mit der Himmelfahrt Christi von Anton Raphael Mengs, die Kanzel von Balthasar Permoser und die Orgel des großen sächsischen Orgelbauers Johann Gottfried Silbermann.

UM DIE ECKE

Einen Panoramablick auf die Stadtsilhouette bietet das Restaurant Kobers **Chiaveri** 1 im Sächsischen Landtag, den Barthold und Tiede 1928–31 neusachlich bauten. Den gläsernen Plenarsaal ergänzte Peter Kulka 1994

Die gut 10 Min. entfernte moscheeartige Yenidze war einst eine Tabakfabrik. Heute residiert hier in luftiger Höhe das **Kuppelrestaurant** 2 mit Terrasse.

Die Form der 20 m hohen spitzbogigen Kuppel der Yenidze soll den Kalifengrabmälern in Kairo entsprechen. Besuchen können Sie die nachts von innen angestrahlte Kuppel im Rahmen der von indischen Tanz- und Theaterabenden des Yenidze-Theaters (www.yenidze-theater.de).

2

Barocke Übersprungshandlung – **der Dresdner Zwinger**

Der Zwinger ist eines der gelungensten Barockensembles Europas – und eines der ungewöhnlichsten. Ursprünglich sollte er nur Orangenbäume beherbergen und einen prachtvollen Rahmen für Feste abgeben. Doch schon unter August dem Starken zog 1723 das Königliche Cabinet der mathematischen und physikalischen Instrumente ein – und für seine Porzellansammlung gibt es keinen besseren Ort.

Als 17-Jähriger startete Friedrich August, der spätere Kurfürst, seine zweijährige ›Kavalierstour‹ durch Westeuropa und war vom Prunk am Hof Ludwigs XIV. tief beeindruckt. Nach dem frühen Tod seines Bruders 1694 bestieg August den Thron und erschuf ein zweites Versailles (hier Blick auf den Zwinger).

Zwinger – das bezeichnet sonst eher klamme, gestalterisch wenig einfallsreiche Festungsmauern. Und hier: Fassadenschwünge, dralle Putten, grinsende Hermen, gesprengte Giebel und gekröpfte Gesimse, Durchgänge und Durchblicke, Wasserspiele und Bogengalerien – was hat das mit einer Festungsanlage zu tun? Nur der Name des **Wallpavillons** 1 erinnert daran, dass im Jahr 1710 auf dem Wall der alten Festungsanlage vor der Stadt mit den Bauarbeiten begonnen wurde.

Kunstsinniger Kurfürst

Bauherr war der sächsische Kurfürst und polnische König August der Starke. Seine Vorliebe für alles Asiatische machte ihn auch für Orangen- und Zitronenbäumchen empfänglich. Als geeigneten Ort für die Orangerie seiner über 1000 Stämmchen bestimmte er die unbebaute Fläche zwischen Stadtwall und Festungswall – den Zwinger eben. Diesen hatte er bereits 1709 anlässlich des Besuches des dänischen Königs als Festplatz genutzt.

Mit seinem Landbaumeister Matthäus Daniel Pöppelmann (1662–1736) und seinem Hofbildhauer Balthasar Permoser (1651–1732) konnte August der Starke auf zwei geniale Gestaltungskünstler zurückgreifen. Pöppelmann schickte er auf Bildungsreise nach Wien, Rom und Neapel. Permoser lernte die Bildhauerei in Salzburg, arbeitete in Wien und viele Jahre in Italien, bevor ihn der Kurfürst an den sächsischen Hof holte. 1710 begannen sie, mit dem Sandstein der Sächsischen Schweiz den **Mathematisch-Physikalischen Salon** 2 zu erbauen, setzten nördlich den **Französischen Pavillon** 3 dazu und verbanden beide mit geschwungenen **Bogengalerien** 4. Mittig prunkte bald der Wallpavillon. Auf ihm trägt Permosers Herkules die Weltkugel, und sicher sah sich August in der Figur angemessen verkörpert. Schließlich steht Herkules auf dem sächsisch-polnischen Wappen mit den Insignien A. R. – Augustus Rex. Polnischer König war August übrigens seit 1697.

Repräsentativer Barock versus verspieltes Rokoko

Einen Generalplan für den Zwinger gab es nicht, das Baugeschehen folgte den Notwendigkeiten und finanziellen Mitteln des Kurfürsten. 1714 trieb er den Bau der **Langgalerie** 5 auf der alten Festungsmauer im Süden voran, um dort seine Sammlungen unterzubringen. Pöppelmann verstand es, die Eindrücke seiner Europatour in eine ganz eigene Form zu gießen: Für das **Kronentor** 6 in der Mitte verband Pöppelmann die Repräsentationswut des Hochbarock mit der Verspieltheit des aufkommenden Rokoko.

Intimes Freiluftgemach

Permoser vervollkommnete die architektonische Vorlage derart organisch mit seinen Sand-

Dresdner Zwinger

O ORANGEN

Unter August dem Starken hatten mehr als tausend **Orangenbäume** ihren Platz im Zwinger in einer der schönsten Orangerien Deutschlands. 1880 verschwand das letzte Bäumchen – doch nun sind die Orangen zurück. Seit ein paar Jahren kehren sie jedes Frühjahr in den Zwingerhof zurück. Noch können Sie **Baumpate** werden – für schlappe 550 € jährlich und mindestens fünf Jahre. Schlösser-Chef Christian Striefler freut sich: »Die Spender tragen zur Wiederbelebung des Zwingers bei und verstärken zudem den Charakter Dresdens als Elbflorenz.« Der Geist des alten August sieht es sicher mit Wohlgefallen!

670 Skulpturen zählt der Zwinger. Seit Kurzem strahlen diese heller als sonst. Warum das so ist? Sie wurden in den letzten vier Jahren aufwendig gereinigt und zum Schutz mit einer Silikonharz-Lasur versehen – zwischenzeitlich schon mehr als 500.

A
AUSSICHT

Haben Sie Lust auf eine unkonventionelle Einkehr mit Aussicht? Willkommen: Neben dem Kassenbereich der Porzellansammlung im Obergeschoss des Glockenspielpavillons gibt es auch eine italienische **Kaffee- und Kuchenausgabe.** Gratis dazu wird der Blick auf die Balustraden, das Schloss und die Sophienstraße ›serviert‹. Machen Sie es sich gemütlich – im Sommer erwartet Sie hier gar der schönste Freisitz!

steinskulpturen, dass eins ohne das andere nicht denkbar ist. Seine größte Meisterleistung ist das **Nymphenbad** 7 zwischen Wall- und Französischem Pavillon, zugänglich über die Balustrade auf den Dächern. Es beherbergt steinerne Meeresgötter und Delphine, die Wasser in den rauschenden Strom speien, während sich anmutige Nymphen in muschelbekrönten Nischen räkeln.

Der Unvollendete

Für die Hochzeitsfeier von Augusts Sohn, Kronprinz Friedrich August III., mit der österreichischen Kaisertochter Maria Josepha wurde der Zwinger 1719 erneut erweitert: Die Westseite bekam eine spiegelbildliche Entsprechung im Osten. Wall- und den neu entstandenen **Glockenspielpavillon** 8 trennen 204 m. Die Bogengalerien rechts und links dienen heute als Ausstellungsräume der **Porzellansammlung** 9. Geplant war, Galerien und Höfe bis an die Elbe fortzusetzen. Doch August der Starke verzettelte sich: Ab 1726 ließ er das Japanische Palais für seine Porzellansammlung ausbauen, und der Zwinger, planungsoffen zur Elbseite, erhielt für über ein Jahrhundert eine provisorische Holzwand.

Süchtig nach dem ›weißen Gold‹

Die kostbare Innenausstattung können Sie bei einem Besuch der Ausstellungen bewundern, die in Galerien und Pavillons untergebracht sind. Was August der Starke mit »Maladie de Porcelaine« gemeint haben könnte, vermittelt die Porzellansammlung eindrucksvoll. Mit ihren ausgesucht schönen Teilen aus China, Japan und ab 1710 auch aus eigener Produktion ist sie die größte und qualitätvollste Europas. Seit der New Yorker Designer Peter Marino 2010 die Wandfelder abwechselnd mit geprägtem Leder, korallenfarbener

Seide oder tief glänzendem Lack verkleidete, spiegelt sich die barocke Opulenz auch in der Ausstellungsgestaltung wider.

August der Starke hatte reges Interesse daran, selbst Porzellan fertigen zu lassen, das er sonst nur teuer aus China oder Japan beziehen konnte. Auf sein Engagement geht die Porzellan-Manufaktur in Meißen zurück.

Sächsisches Greenwich

Im Mathematisch-Physikalischen Salon sind technisch und formal höchst anspruchsvolle Geräte aus Bergbau, Schifffahrt, Zeit- und Landvermessung zu entdecken: astronomische Uhren, Entfernungsmesser, wunderbare Globen, seit 1560 von den sächsischen Kurfürsten gesammelt. Mit den riesigen blankpolierten Brennspiegeln von Ehrenfried Walther von Tschirnhaus gelang es, die hohen Temperaturen für den Porzellanbrand zu erreichen. Sächsische Landesgeschichte steckt auch in den Taschen- und Armbanduhren: Seit Ferdinand Adolph Lange 1845 die erste Uhrenmanufaktur im nahen Glashütte gründete, gehört das Städtchen zu den großen Namen im Bereich mechanischer Uhren.

INFOS/ÖFFNUNGSZEITEN

Zwinger (Innenhof): Sophienstraße, www.der-dresdner-zwinger.de, April–Nov. tgl. 6–23, Dez.–März tgl. 6–20 Uhr
Mathematisch-Physikalischer Salon 2, **Porzellansammlung** 9: www.skd.museum, Di–So 10–18 Uhr, 6 €/4,50 €, mit Gemäldegalerie 14/10,50 €, bis 17 Jahre frei
Zwinger Xperience 10: Multimediale Zeitreise zu den Festen August des Starken im Zwinger, tgl. 10–18 Uhr, 12/10 €, bis 16 Jahre 4,50 €, www.zwinger-xperience.de

EXKLUSIVER SOMMERSITZ

Die Cafétischchen des Solino 1 stehen im Sommer auf der Zwingerbalustrade – edler lässt sich der Espresso nicht nippen. (Glockenspielpavillon, Di–So 10–18 Uhr).

WOCHENENDEN VOLLER MUSIK

Im Französischen Pavillon gibt das **Dresdner Residenz Orchester** klassische Konzerte (www.concerts-dresden.com, meist Fr–So).

STILLES ÖRTCHEN

Öffentliche Toiletten (mit benachbartem Bistro) sind an der Ostra-Allee am Zwingerteich zu finden; übrigens die einzigen in der Nähe des Zwingers.

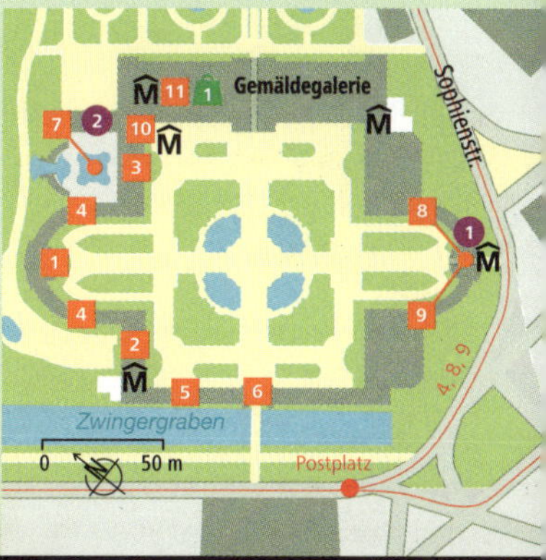

Cityplan: Karte 2, D 4 | **Tram** 4, 8, 9, 11, 12: Postplatz, Theaterplatz

3

Wo die Engel wohnen **– die Gemäldegalerie Alte Meister**

»Meine Bewunderung überstieg jeden Begriff!« ließ Johann Wolfgang von Goethe nach dem Besuch der Dresdner Gemäldegalerie verlauten. Sein Erstaunen war gerechtfertigt, blickte er doch auf Raffaels »Sixtinische Madonna«, Correggios »Heilige Nacht«, Vermeers »Briefleserin« und Bellottos Dresdner Stadtansichten – um nur ein paar der Highlights zu nennen.

Im Jahr 1847 erhielt Gottfried Semper den Auftrag zur Gestaltung des Theaterplatzes – dazu gehörte auch der Bau einer **Gemäldegalerie** 11. Denn der als Galerie genutzte Stallhof (das heutige Johanneum), in dem Goethe die Meisterwerke in drei Reihen gehängt und dicht gedrängt bewundert hatte, war an seine Kapazitätsgrenze gelangt.

Die »Sixtinische Madonna« ausgelagert? Nein, es handelt sich hier lediglich um ein Plakat von Raffaels Meisterwerk am Bauzaun der Gemäldegalerie. Die ist zwar inzwischen fertig, aber die Baustelle ist weiter gewandert: Aktuell wird der Innenhof des Zwingers saniert.

Eine Poesie in Sandstein

Mit der Gemäldegalerie gab Semper dem Zwinger 1854 einen Abschluss. Er entwickelte zwei Fassaden auf je 116 m Länge: Die strenge Rustika-Gliederung der Hochrenaissance für den Theaterplatz und eine aufgelockerte Variante mit Terrasse für den Zwingerhof. Der Mittelrisalit korrespondiert mit dem Krontor, die Pilaster zwischen den Fenstern entsprechen denen der Langgalerie. Der Figurenschmuck – auf Theaterplatz-Seite aus der Antike entlehnt, auf Zwinger-Seite dem abendländischen Kulturkreis – stammt von den Dresdner Bildhauern Ernst Rietschel und Ernst Julius Hähnel.

Ü
ÜBRIGENS

Nach langen Jahren der Sanierung lassen sich seit 2020 nicht nur die Alten Meister in neuem Licht betrachten. Auch die Skulpturensammlung bis 1800 ist mit ins Haus gezogen. Nach Jahrzehnten der Depot-Ausstellung endlich mit genügend Platz zum Wirken!

Des einen Freud, des anderen Leid

Es ist vor allem Friedrich August II., dem Sohn Augusts des Starken, zu verdanken, dass die »Sixtinische Madonna« von Raffael in Dresden ein Hauptwerk unter vielen ist. Seine Vorliebe für bildende Kunst ging mit großer Geschmackssicherheit einher, geformt auf einer Bildungsreise durch die Höfe Italiens und Frankreichs. Der größte Coup gelang ihm, als er 1745 die Kunstsammlung des Herzogs von Modena für den sächsischen Hof sichern konnte. Mit einem Schlag erwarb er damit über 100 Hauptwerke der italienischen Renaissance von Correggio, Veronese, Garofalo und Andrea del Sarto, den Barockkünstlern Annibale Carracci und Guido Reni.

Holbein d. J., Rubens, Vermeer, Veronese: Was bis heute den Ruhm der Gemäldegalerie Alte Meister ausmacht, stammt zum größten Teil aus Friedrich Augusts Ankäufen zwischen 1730 und 1740, bevor der Siebenjährige Krieg Sachsens Reichtum dezimierte. Ein neuer Schub spanischer, italienischer und niederländischer Meister kam im 19. Jh. durch die 1837 gegründete Galeriekommission dazu, die auch den Bau der Gemäldegalerie initiierte.

›Kriegs-Kunst‹ im Kalksteinwerk

Als Dresdens Gemäldegalerie 1945 ausbrannte, überlebten die ausgelagerten Gemälde in den Kalk- und Sandsteinbrüchen der Sächsischen Schweiz. Von dort verbrachte sie die Trophäenkommission der sowjetischen Truppen nach Moskau und Kiew. 1955 gab die Sowjetunion sie in

Die Restaurierungsklasse der Hochschule für Bildende Künste begnügte sich anlässlich einer Ausstellung in der Gemäldegalerie Alter Meister nicht mit ›Vermeer-Gucken‹, sondern schuf einen begehbaren Nachbau des Gemäldes »Brieflesendes Mädchen am offenen Fenster«. Gut, wenn man angehende Bühnen-, Kostüm- und Maskenbildner im Nachbaratelier hat.

einem großen Staatsakt zurück, 1960 konnten sie in das wieder aufgebaute Gebäude ziehen.

V VIRTUELL

Schauen Sie sich doch einfach schon zu Hause an, was Sie erwartet! Einen Vorgeschmack auf die Gemäldegalerie und viele andere Ausstellungen der Staatlichen Kunstsammlungen Dresden geben **Panorama-Rundgänge im Internet oder digitale Vortragsangebote** – auch geeignet als Entscheidungshilfe für den Besuch. Eine Vertiefung zu den einzelnen Gemälden und Objekten bietet die SKD Online Collection. Alles finden Sie unter der Rubrik »Digitale Angebote« bei www.skd.museum.

»Platz für den großen Raffael!«

... soll Friedrich August II. gesagt haben, als er 1754 endlich die »Sixtinische Madonna« am sächsischen Hof empfangen konnte. Ihr Ankauf für den Gegenwert eines kleineren Schlosses zeigt, dass der Kunsthandel des 18. Jh. gar nicht so anders funktionierte als heute. Zwei Jahre ließ der Sohn August des Starken, mittlerweile selbst sächsischer Kurfürst und König von Polen, den Onkel seines Leibmedicus verhandeln, um seiner Sammlung endlich einen echten Raffael einverleiben zu können. Dieser Onkel hatte Verbindungen zu den Mönchen in Piacenza, deren Klosterkirche San Sisto Papst Julius II. das Bild 1512 gestiftet hatte. Als Altarbild schauten Maria und Jesus auf den gekreuzigten Jesus vor ihnen, auf den Papst Sixtus auch mit seiner Hand verweist – seine und die Reliquien der hl. Barbara verwahrte das Kloster. Bekannt jedoch wurde die Madonna erst in Dresden. Und die beiden Engel an der unteren Bildkante starteten eine ganz eigene Karriere.

Irrungen und Wirrungen

Ganz anders verlief die Karriere der Madonna des Basler Bürgermeisters Jakob Meyer zum Hasen, kurz: der »Bürgermeister-Madonna«. Angekauft als Werk Hans Holbein d. J., ebenfalls von Friedrich August II, ebenfalls für viel Geld.

Getragen vom Nationalstolz des 19. Jh. avancierte das Gemälde zum Paradestück der neu gebauten Sempergalerie. Als deutscher Höhepunkt der Renaissancemalerei bekam sie ihren Platz gegenüber der »Sixtinischen Madonna«. Im Jahre 1822 tauchte ein zweites, fast identisches Bild im Kunsthandel auf, das Prinz Wilhelm von Preußen kaufte. Eine Ausstellung beider Gemälde und anderer Holbein-Meisterwerke offenbarte, dass das Dresdner Exemplar nach Malweise und Farbe kein Original sein konnte. Wie sich herausstellte, stammte es von Bartholomäus Sarburg, der im 17. Jh. einige Holbein-Gemälde kopierte. Das Holbeinsche Original von 1526 hängt heute in der Johanniterkirche in Schwäbisch Hall.

Dafür wurde der »Sieur de Morette«, ein Porträt, das tatsächlich von Hans Holbein d. J. stammt, als Werk Leonardo da Vincis angekauft. Den linken Flügel von Lucas Cranachs Katharinenaltar ließ Kurfürst Friedrich August III. als Werk eines unbekannten Malers versteigern. Später hieß es, die hl. Barbara auf dem Altarbild stamme von Hans Baldung Grin. In den 1990er-Jahren kaufte die Gemäldegalerie die Tafel als echten Cranach wieder auf.

Zwei Lausbuben machen Karriere: Die beiden Putten am unteren Bildrand der »Sixtinischen Madonna« sind heute bekannter als das Werk Raffaels in seiner Gesamtheit. Anfang des 19. Jh. lief die Vermarktungsmaschinerie an, die Engel wurden erstmals einzeln herauskopiert. Heute sind sie millionenfach auf Postern und Plakaten zu finden.

INFOS/ÖFFNUNGSZEITEN

Gemäldegalerie Alte Meister 11 (► Karte S. 27): Theaterplatz 1, T 0351 49 14 20 00, www.skd.museum.de, Di–Do 10–18 Uhr; 14/10,50 € (inkl. Porzellansammlung, Mathematisch-Physikalischer Salon), bis 17 Jahre frei

STILVOLL UND KREATIV SPEISEN

Zwischen Galerie und Zwingerteich serviert das **Café-Restaurant Alte Meister** 2 elegante Küche im ehemaligen Atelier der Zwinger-Bildhauer und auf der Terrasse (Theaterplatz 1a, T 0351 481 04 26, www.altemeister.net, Di–Sa 12.30–22, So 12–19 Uhr, €€).

FAST WIE DAS ORIGINAL ...

Postkarten zu den schönsten Gemälden gibt es in der **Buchhandlung Walther König** 1 im Untergeschoss der Gemäldegalerie (Theaterplatz 1, T 0351 486 17 29, www.buchhandlung-walter-koenig.de, Di–So 10–18 Uhr).

Karte S. 27, Cityplan: Karte 2, D 4 | **Tram** 4, 8, 9: Theaterplatz

#4

Der Louvre von Sachsen – **das Residenzschloss**

Einst als befestigte Burg erbaut, ist das Residenzschloss seit seinem Wiederaufbau Pilgerstätte für Besucher aus aller Welt. Es bildet den angemessenen Rahmen für die Dresdner Kunstschätze – 600 000 an der Zahl! Im Historischen Grünen Gewölbe werden die Preziosen übrigens wie vor 300 Jahren präsentiert: auf Schautischen, vor Spiegelwänden – und ohne Sicherheitsglas.

Das Residenzschloss (im Bild ganz rechts) ist der Ursprungsort und das Zentrum der Dresdner Kunstsammlungen. Nach vielen Baustellen-Jahren ist aus dem Projekt »Residenz der Kunst und Wissenschaft« Wirklichkeit geworden und ist Deutschland um einen bedeutenden Museumskomplex reicher.

Der **Hausmannsturm** 1 mit Mauerresten aus dem 11. Jh. dürfte das älteste Gebäude in Dresden sein. Ursprünglich krönte er die Vierflügelanlage einer kleinen Burg und diente dazu, die strategisch wichtige Elbquerung zu überwachen. Nachdem Herzog Albrecht der Beherzte im Jahr 1464 Dresden statt Meißen zu seiner Residenzstadt erkor, ließ er die

Burg zum Renaissance-Schloss ausbauen – das allerdings nie seinen burgähnlichen, geschlossenen Charakter verlor. Heute ist der **Große Schlosshof** 2 nach den Vorlagen des 15. und 16. Jh. rekonstruiert. Die Fassaden zieren charakteristische Sgraffiti-Malereien aus der Mitte des 16. Jh., die ursprünglich Moritz von Sachsen anbringen ließ.

Den **Georgenbau** 3 auf dem früheren Stadttor an der Elbbrücke ließ Georg der Bärtige (1471–1539), der Sohn Albrechts, 1531 anlegen. Sein Reiterstandbild ist oben an der Fassade verewigt.

Ein modernes Dach auf dem historischen Kleinen Schlosshof? Es war die geniale Lösung für ein gravierendes Problem: Für das hohe Besucheraufkommen fand sich kein Foyerraum im Schloss. Dafür aber ein ganzer Schlosshof. Voilá!

»Der Achttausender unter den Schlössern«

Die ausgebrannte Ruine des Residenzschlosses bestimmte bis in die 1980er-Jahre das Bild zwischen Theaterplatz und Johanneum. Zwar hatten die Dresdner Denkmalpfleger sofort nach der Zerstörung begonnen, die Ruine zu sichern und Sandsteinreliefs zu bergen, aber über eine Notbedachung hinaus war kein Gedanke an Wiederaufbau. Die DDR-Regierung in den 1950er- und 1960er-Jahren war eher an radikalen (Abriss-)Lösungen interessiert. Doch die Denkmalpfleger blieben am Ball: Mit bauphysikalischer Schützenhilfe der TU Dresden und dem Rückenwind der 600 000 zurückgegebenen Sammlungsstücke durch die Sowjets entwickelten sie ab 1955 ein Konzept für das Schloss als Ausstellungsgebäude. Viele Dresdner beschäftigten sich derweil ehrenamtlich mit Ruinenpflege: Entfernten wuchernde Pflanzen, teerten die Notdächer neu, räumten den Schutt weg.

Und tatsächlich: 1985 verkündete Erich Honecker, dass das Schloss bis 1990 wieder aufgebaut werden sollte. Zwar war bis dahin nur der Westflügel saniert, in dem sich heute neben dem Historischen Grünen Gewölbe auch das Neue Grüne Gewölbe befindet. Doch als die Wende die Karten neu mischte, war es um das Schloss gut bestellt: Es gab ein Konzept und außerdem Experten und spezialisierte Handwerker, die sich um den Wiederaufbau kümmerten. Zudem sah der frisch gegründete Freistaat Sachsen im Wiederaufbau des Schlosses ein Bekenntnis zur Landesgeschichte.

Auferstanden aus Ruinen ...

Da ist zum Beispiel die **Schlosskapelle** 4. Nach Torgau war sie der zweite protestantische Kirchen-

Nicht so elegant wie die Olsenbande, sondern brutal mit einer Axt brachen Juwelendiebe 2019 in das Historische Grüne Gewölbe ein. Zwar fanden sich die allermeisten der 21 Schmuckstücke mit insgesamt 4300 Diamanten inzwischen wieder ein. In der Museumsbranche sitzt der Schock dennoch tief.

Ü
ÜBRIGENS

»Das Schloss gehörte einst zu den prächtigsten Bauten der Renaissance in Deutschland. Und wir errichten es wieder. Das ist der **Achttausender unter den Schlössern.**« Diese Worte stammen von Ludwig Coulin vom Staatsbetrieb Sächsisches Immobilien- und Baumanagement (SIB), der u. a. den Wiederaufbau des Residenzschlosses verantwortet. Nach der Fertigstellung der Bauarbeiten sieht es Coulin in einer Reihe mit London, Paris oder Madrid. Die Wiederherstellung kostete schätzungsweise knapp 400 Mio. Euro.

bau überhaupt, weil die sächsischen Kurfürsten sich bereits 1536 zur Reformation bekannten. Allerdings konvertierte August der Starke aus Karrieregründen 1697 wieder zum Katholizismus, die Kapelle wurde 1737 abgerissen – und 2013 wieder eröffnet. Mit einem Schlingrippengewölbe, von dem einzig zwei Rippenfragmente überliefert waren.

Auch von der **Englischen Treppe** 5, die Kurfürst Johann Georg IV. 1692 zum Empfang des englischen Gesandten anlegen ließ, existierten nur Fotos und die Stuckfragmente im eingestürzten Treppenhaus. Heute führt sie zu allen Ausstellungen des Schlosses. Die Frage des Besucherempfangs wurde durch die Überdachung des **Kleinen Schlosshofes** 6 gelöst.

Ganz und gar kein Kostverächter ...

Das **Historische Grünen Gewölbe** 7 befindet sich in den Räumen, in denen die sächsischen Kurfürsten bereits im 16. Jh. ihre Gold- und Silbervorräte, Schmuck und Juwelen lagerten. Sie boten den besten Schutz vor Brand und Diebstahl, wie der heutige Preziosensaal beweist, dessen Stuckdecke als einzige im ganzen Schloss nach 1945 erhalten blieb. Wieder war es August der Starke, der mehr aus dieser Schatzkammer mit den grün gestrichenen Decken machte. Ein Grundriss von 1727 zeigt, was er sich vorstellte: Bernsteinkabinett, Elfenbeinzimmer, Weißsilberzimmer, silbervergoldetes Zimmer, Preziosensaal. Pöppelmann und Longuelune legten Marmorböden, Intarsien- und Spiegelwände an; Permoser, Kircher und Kaendler schufen den Zierrat. Die Räume sind getreu ihrer historischen Ausstattung wiedererstanden.

Im **Neuen Grüne Gewölbe** im ersten Stock des Westflügels erlaubt dafür eine moderne Ausstellungskonzeption die optimale Annäherung an Kostbarkeiten wie den großen grünen Diamanten oder das »Goldene Kaffeezeug« von Johann Melchior Dinglinger. Der »Hofstaat zu Dehli«, den Dinglinger 1708 schuf und seinem König auf Ratenzahlung verkaufte, ist der Höhepunkt barocker Juwelierplastik.

Die Sammlungen? Allesamt Superlative

Im Zentrum des 2015 eröffneten **Münzkabinetts** 8 steht die sächsische Münzgeschichte. Das **Kupferstich-Kabinett** 9 ist eine der bedeutendsten

Grafiksammlungen der Welt. Unter den 515 000 Werken sind Dürer, Cranach, Holbein d. J., Rubens, Rembrandt, Michelangelo und Goya vertreten, zu sehen in wechselnden Sonderausstellungen oder im Studiensaal: Dorthin kann man sich die lichtempfindlichen Arbeiten auf Papier bringen lassen.

Die Rüstungen, Schwerter und aufgezäumten Pferde der sächsischen Kurfürsten zeigt die **Rüstkammer** 10 im tageslichthellen Riesensaal, in dem einst die Hofbälle stattfanden. Abgedunkelt dagegen die Räume der **Türckischen Cammer** 11, in der osmanische Prunkwaffen, -zelte und -sättel, hauptsächlich aus dem 17. Jh, mit wenigen Lichtspots aus der Dunkelheit geholt werden.

Die erst 2016 eröffnete Dauerausstellung **Weltsicht und Wissen um 1600** 12 zeigt Werke der Spätrenaissance aus der Dresdner Kunstkammer. Kurfürst August (1526–86) begründete diese Sammlung von Werkzeugen, Tischler- und Goldschmiedearbeiten – darunter Gartenhacken oder Hobel, die sich erstaunlicherweise kaum von heutigen Gerätschaften unterscheiden.

Ü ÜBRIGENS

Weil nur 120 Besucher pro Stunde im **Historischen Grünen Gewölbe** zugelassen sind, gibt es **Zeittickets** an der Kasse oder im Vorverkauf (T 0351 49 14 20 00, Online-Verkauf: www.skd.museum).

INFOS/ÖFFNUNGSZEITEN

Alle Ausstellungen im Schloss: Taschenberg 2, www.skd.museum, tgl. Mo, Mi–So 10–18 Uhr, 12/9 €, bis 17 Jahre frei; Historisches Grünes Gewölbe 12 €, Kombiticket 21 €

WO IST WAS?

Im Erdgeschoss des Südflügels steht ein **Schlossmodell**, mit dem man sich Klarheit über den verschachtelten Bau verschaffen kann.

NOCHMAL RÜBER ZU ANNA

Anna war die Frau des Sächsischen Renaissance-Kurfürsten August. Sie war sehr klug, revolutionierte die Landwirtschaft, kannte den pharmazeutischen Nutzen der Heilpflanzen. Das Restaurant Anna im Schloss 1 im Nordflügel kocht ganz in ihrem Sinn: mit viel saisonalem Gemüse und Salaten, klug zubereitet. Mo, Mi–Sa 12–22, So 9–18 Uhr, €€

DEN ÜBERBLICK HABEN

Der **Hausmannsturm** 1 bietet eine phänomenale Sicht über Dresdens Altstadt April–Okt., (ohne Ausstellungsticket 5/4 €).

Cityplan: Karte 2, D 4 | **Tram** 4, 8, 9: Theaterplatz

5

Wie Phönix aus der Asche – **rund um die Frauenkirche**

Finden Sie nicht auch: Die Frauenkirche steht so selbstverständlich auf dem Neumarkt, als stünde sie schon immer da? Stimmt ja auch, nur eben mit einer 50-jährigen Unterbrechung – genauso wie der Neumarkt um sie herum.

Selfie von hohem Symbolwert – ob den beiden wohl bewusst ist, dass die Frauenkirche Mahnmal und Zeichen der Versöhnung zugleich ist? Und dass kein anderes Bauwerk solch symbolhafte Bedeutung für Dresden besitzt? Wie wichtig den Dresdnern (und anderen ›Fans‹) ›ihre‹ Frauenkirche ist, zeigt diese Zahl: Sie stemmten knapp zwei Drittel der Baukosten.

Vom Oberlandbauamt erhielt der Ratszimmermeister George Bähr 1722 den Auftrag, statt der baufälligen Kirche Unserer Lieben Frau, deren Ursprünge bis ins 11. Jh. zurückreichten, ein repräsentatives Bauwerk zu errichten – auch als protestantische Antwort auf den Übertritt Augusts des Starken zum Katholizismus. Bähr projektierte einen Zentralbau, in dem der Altarraum nicht wie in katholischen Kirchen von der Gemeinde getrennt ist. Seine vom Petersdom in Rom inspirierte Kuppel mit 23,5 m Durchmesser musste er hart verteidigen: Das Bauamt fürchtete den Einsturz. Der folgte erst, als die Frauenkirche

am 13. Februar 1945 ausbrannte. Die schwarzen Trümmer hinter dem **Martin-Luther-Denkmal** 1 mahnten lange Jahre gegen den Krieg.

Trommeln für den Wiederaufbau

Nach 1989 schien alles möglich – auch der Wiederaufbau der **Frauenkirche** 2. Bereits 1990 initiierte der Dresdner Musiker Ludwig Güttler mit dem »Ruf aus Dresden« eine Wiederaufbaukampagne, der rund 100 Mio. Euro Spenden zuflossen. Ab 1993 begannen Bauarbeiter, die Steine des Trümmerbergs für den Wiedereinbau zu sichern, zu erkennen an ihrer dunkleren Färbung. Die barocke Innenausmalung der Kirche folgt dem Original, der Altar ist sogar aus Originalteilen. Er zeigt den betenden Jesus im Garten Gethsemane.

Die Geschichte des vergoldeten Turmkreuzes zeigt, was die Frauenkirche zum Wahrzeichen der Versöhnung macht: Der britische Goldschmied Alan Smith, Sohn eines der britischen Piloten, die 1945 ihre Bomben auf Dresden fallen ließen, fertigte es mit Hilfe britischer Spenden.

Bei der Neubebauung des Neumarktes setzte sich die Gesellschaft Historischer Neumarkt vehement für die Beibehaltung der alten Gassenverläufe und die Rekonstruktion bestimmter barocker Bürgerhäuser ein. Dahinter verbirgt sich auch die Luxus-**Einkaufspassage QF** 1 (Quartier an der Frauenkirche).

›Comicstrip‹ der Kurfürsten und Könige

Als August der Starke 1683 siegreich vom Kampf gegen die Türken heimkehrte, wurde aus der Friedensgöttin Irene des kleinen **Türkenbrunnens** 3 am Jüdenhof die Siegesgöttin Victoria. Die barocke Freitreppe des **Johanneums** 4 dahinter ist ein späterer Anbau an das Renaissance-Stallgebäude aus dem späten 16. Jh. 1745 setzte Oberlandbaumeister Johann Christoph Knöffel die obere Etage mit hohen Rundbogenfenstern für die Gemäldesammlung von Kurfürst Friedrich August II. auf. Heute nutzt das **Verkehrsmuseum** das Gebäude.

Den ursprünglichen Renaissance-Eindruck vermittelt der **Stallhof** 5 mit Pferdeschwemme und zwei bronzenen Ringstechsäulen für Turniere. Der begrenzende etwa 100 m **Lange Gang** 6 verband schon den Stallhof mit den königlichen Gemä-

Demo gegen Pegida vor der Frauenkirche: »Dresden für alle«!

Ü
ÜBRIGENS

Der **13. Februar 1945,** der Tag der Bombardierung durch die Amerikaner und Engländer, ist für Dresden zu einem komplizierten Datum geworden. In den 1980er-Jahren nutzte die Friedensbewegung »Schwerter zu Pflugscharen« diesen Tag zum stillen Gedenken an der Frauenkirchen-Ruine und opponierte damit gegen den Staat. Nach der Wende nahmen Rechtsextremisten den Tag zum Anlass aufzumarschieren – anfangs mit wenig Gegenwind, seit 2008 blockiert von Antifa-Gruppen. Mittlerweile tritt ein Bündnis aus Stadt, Kirchen, Gewerkschaften, Parteien, Bürgerbewegungen und Wirtschaftsverbänden am 13. Februar für Frieden, Demokratie und Menschenrechte ein (13februar.dresden.de).

Cityplan: Karte 2, D 4 | **Tram** 1, 2, 4: Altmarkt

INFOS/ÖFFNUNGSZEITEN

Frauenkirche 2: Neumarkt, Mo–Fr 10–11.30, 13–17.30 Uhr, Tipp: Andacht mit Orgel und Führung vom Sitzplatz aus ist Mo–Sa 12, Mo–Mi, Fr 18 Uhr, Eintritt frei

Kuppelaufstieg Eingang G: Nov.–Feb. Mo–Sa 10–16, So 13–16, März–Okt. bis 18 Uhr, 10/5 €, Familienticket 22 €

Infos und Karten: Besucherdienst, Georg-Treu-Platz 3, T 0351 656 061 00 www.frauenkirche-dresden.de, Verkehrsmuseum 4: Augustusstr. 1, Di–So 10–18 Uhr, T 0351 864 40, www.verkehrsmuseum-dresden.de, 11/5 €, Familien (je nach Größe) 11/22 €, mit Kindertreff und Verkehrsgarten

Stallhof 5: Kanzleigässchen, tgl. 8–20 Uhr, T 0351 438 37 03-12, www.schloesserland-sachsen.de, außerhalb von Veranstaltungen kostenlos zugänglich

Galerie Neue Meister und Skulpturensammlung ab 1800 10: im Albertinum, Brühlsche Terrassen, stufenloser Zugang über den Georg-Treu-Platz, www.skd.museum, Di–So 10–18 Uhr, beide Sammlungen 12/9 €, unter 17 J. frei

Neue Synagoge 12: T 0351 656 88 25, www.hatikva.de, Führungen, 6/4 €

FÜR FEINSCHMECKER, STUDENTEN UND ANDERE

Gourmetanspruch hat das **Moritz** 1, das Restaurant im Hotel Suitess. Von der Dachterrasse des Restaurants haben Sie einen ungewöhnlichen Blick auf die Frauenkirche (An der Frauenkirche 13, T 0351 41 72 70, www.moritz-dresden.de, tgl. ab 17.30 Uhr, €€€, Frühstücksbuffet 7–11 Uhr, €€€).

Das Essen ist okay, der Preis sehr okay und die Umgebung malerisch: Die **Mensa Brühl** 2 der Kunsthochschule bietet günstige Gerichte an (€, Brühlsche Terrasse 1, Eingang über die Brühlsche Terrasse/HfBK, www.studentenwerk-dresden.de, Mo–Fr 10.30–15 Uhr; 2 Hauptgerichte).

CHILLEN

Am Ostende der **Brühlschen Terrasse** 8 laden unter hohen Bäumen die Bänke im **Brühlschen Garten** 11 zum Gesicht-in-die-Sonne-Halten ein.

chern im Georgenbau. Seine Außenfassade ziert der **Fürstenzug** 7 der Wettinischen Herrscher von 1123 bis 1904, gefliest mit Meissener Porzellan.

»Balkon Europas«

Kurfürst Friedrich August II schenkte seinem engsten Berater Graf Heinrich von Brühl die 600 m lange alte Uferbastion 1739, die sog. **Brühlschen Terrassen** 8. Dieser errichtete eine Wohn-, Ausstellungs- und Parkanlage auf der Bastion. Im 19. Jh. wurden Brühls Bauten allerdings fast alle ersetzt, beispielsweise durch die neobarocke **Kunstakademie** 9 von 1894, an der Caspar David Friedrich, Johann Gottfried Semper, Otto Dix und Oskar Kokoschka lehrten.

Hochwasserschutz in luft'ger Höh

Das **Albertinum** 10, einst das Zeughaus der Dresdner Festung, wurde 1877 ebenfalls in Renaissance-Manier umgebaut und birgt neben der Galerie Neue Meister und der Skulpturensammlung ab 1800 das Zentraldepot der Kunstsammlungen mit 6000 Gemälden – nach dem Fiasko des Elbhochwassers 2002 nun hochwassersicher in 17 m Höhe über dem Innenhof untergebracht.

Auf der königlichen Antikensammlung basierend entstand das Museum für Skulpturen und Plastiken, kurz: **Skulpturensammlung,** aus über fünf Jahrtausenden: Antiken wie die Herculanerinnen vom 4. Jh. v. Chr. stehen im Untergeschoss der Alten Meister in der Gemäldegalerie, Neueres von Rodin, Degas oder Lehmbruck hat seinen Platz in den Räumen vor der Galerie Neue Meister. Sie zeigt die Kunst des 19. bis 21. Jh. und beginnt mit Werken der Dresdner Romantiker um Caspar David Friedrich. Die Impressionisten sind mit Claude Monet, Edgar Degas und Max Liebermann vertreten, die Expressionisten mit Otto Dix, Max Beckmann und den Brücke-Künstlern. Gerhard Richter, der ebenfalls die Dresdner Kunsthochschule besuchte, darf einen ganzen Raum bespielen.

UM DIE ECKE

Das Architekturbüro Wandel, Hoefer und Lorch bekam für seine Idee, die Ost-Ausrichtung der **Neuen Synagoge** 12 mit verdrehten Kuben zu erreichen, 2001 den World Architecture Award.

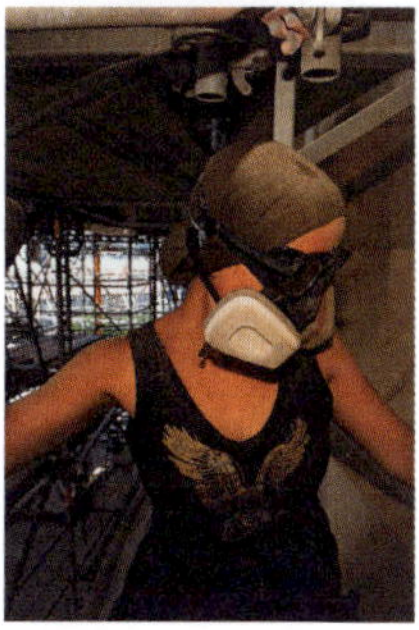

Eine Steinmetzin bei ihrer Arbeit auf einer Baustelle der Frauenkirche in Dresden.

F FÜRSTEN-ZUG

Wie durch ein Wunder überstand der »Fürstenzug« die Bombenangriffe des Jahres 1945 unbeschadet. Nehmen Sie sich Zeit für diesen ganz **besonderen ›Comicstrip‹:** das mit 957 m^2 größte Porzellanbild der Welt mit der Ahnengalerie des Herrscherhauses Wettin. Auf einer Länge von 102 m und auf 24 600 fugenlos angebrachten Meissner Porzellankacheln sind alle sächsischen Markgrafen, Herzöge, Kurfürsten und Könige bis 1904 verewigt.

#6

Die Ostmoderne hält Einzug – **Altmarkt und Prager Straße**

Zwischen Altmarkt und Hauptbahnhof bietet Dresden vor allem eins: jede Menge Geschäfte. Doch dass hier nicht nur die Shopping Queen glücklich wird, zeigt der zweite Blick: Hier ist auch ein Stück Nachkriegs-Baugeschichte zu besichtigen – aufwendiger ›Stalinbarock‹ am Altmarkt, strenge Moderne beim Kulturpalast und die futuristische 1970er-Jahre-Architektur des Rundkinos.

Nein, Sie sind nicht auf einer intergalaktischen Raumstation gelandet, sondern an der Prager Straße, die hier von dem vielkantigen dekonstruktivistischen Kristallpalast der UFA dominiert wird.

›Stalinbarock‹ wurde der Baustil der Häuser am Altmarkt und auf der Wilsdruffer Straße abfällig genannt, die nach dem Krieg als erste in der zerstörten Innenstadt entstanden. Dabei orientierten sich die DDR-Architekten in den 1950er-Jahren gar nicht so sehr an Moskau, sondern an der barocken Bautradition Dresdens. Die Fassa-

den sind aufwendig (und teuer!) mit Pilastern, Risaliten und gesprengten Giebeln gegliedert, ausgeführt in Sandstein – genau wie die einst das Stadtbild-bestimmenden historischen Gebäude, die zur Bauzeit des Altmarkts zumeist nur als Ruinen existierten. Die Innengestaltung der Geschäfte und Restaurants hingegen war schwungvoll, großzügig und erstaunlich modern – Teile davon sind noch im **Sausalitos** 1 oder im **Haus Altmarkt** 1 (jetzt Star G Hotel Premium) zu sehen.

Neubarockes Ärgernis

Dennoch machte es der Altmarkt den Dresdnern schwer, ihn zu mögen – entstand er doch mehr als doppelt so groß auf dem Gelände des alten, traditionsreichen Platzes, der seit dem 12. Jh. das bürgerliche Zentrum der Stadt gebildet hatte. Die tradierten Gassenverläufe und Straßenausrichtungen wurden ignoriert – einerseits, um einem zeitgemäßen Verkehrsaufkommen Rechnung zu tragen, andererseits, um Großaufmärschen den richtigen Rahmen zu geben.

Der unsensible Umgang mit dem alten städtischen Grundriss steckt den Dresdnern noch heute in den Gliedern und macht sie moderner Architektur gegenüber äußerst argwöhnisch. Dabei übersehen sie häufig, dass gerade die Nachkriegsmoderne in Dresdens Stadtzentrum von besonders hoher Qualität ist.

Zaudern beim Zuckerbäckerstil

Der **Kulturpalast** 1 von 1966 war ein kleiner Sieg über den Willen des großen Bruders in Moskau: Eigentlich sollte an der Stelle eine Art Lomonossow-Universität emporragen – die Dresdner fürchteten sich vor dieser Architektur im stalinistischen Zuckerbäckerstil. Doch nach Stalins Tod 1953 setzte sich Wolfgang Hänsch mit seinem modernen Entwurf für eine Stadthalle durch, die er mit einem eleganten Foyer und einem – mittlerweile modernisierten – Saal für Philharmonie und leichte Muse ausstattete. Vom einstigen sozialistischen Kulturbetrieb zeugen die Reliefs der Bronzetüren, die Dresdens Stadtgeschichte eng mit der Arbeiterbewegung verknüpfen, und das Wandbild »Weg der Roten Fahne« von Gerhard Bonzin an der Westfassade.

Ü ÜBRIGENS

Sollten Sie in der Vorweihnachtszeit in Dresden weilen, besuchen Sie unbedingt eines der feierlichen Weihnachtsoratorien des **Kreuzchors,** der seit dem 14. Jh. zur gleichnamigen Kirche gehört und heute zu den weltweit berühmtesten Knabenchören zählt. Die etwas hinter dem Altmarkt versetzt gelegene **Kreuzkirche** 2 übrigens wurde 1215 geweiht und ist fest mit Dresdens Stadtwerdung verbunden. Vom Turm haben Sie aus 54 m Höhe einen grandiosen Blick auf das Stadtzentrum (www.kreuzkirche-dresden.de, www.kreuzchor.de).

Ü ÜBRIGENS

Auch die Zentralbibliothek residiert im Kulturpalast – und bietet Gelegenheit, das Treiben auf dem Altmarkt von der Glasfront der zweiten Etage aus zu verfolgen. www.bibo-dresden.de

Das 30 x 20,5 m große Wandbild »Weg der Roten Fahne« ist ein in Dresden eher unbeliebtes Denkmal, das jedoch auch nach der Sanierung des Kulturpalastes erhalten blieb.

Stadtplanerisches Ziel: Flanieren

In den 1960er-Jahren bekam ein Dresdner Architektenteam um Hans Konrad den Auftrag, die komplett zerstörte und geräumte Prager Straße neu zu projektieren – nach den Maßstäben des modernen Bauens. Die traditionelle Bauweise des Altmarktes hatte sich als zu teuer erwiesen. Die Architekten nahmen die 1953 entstandene Fußgängerzone Lijnbaan in Rotterdam als Vorbild, planten aber zur Belebung neben Läden und Kaufhäusern auch Hotels, Wohnungen und zahlreiche Einkehrmöglichkeiten ein. Die weitläufige, breite Meile dominierten Wasserspiele und Hochbeete, an denen sich Flaneure Sitzmöbel zurechtrücken konnten. Nachwende-Bauten wie **Karstadt** 1 und die **Centrum Galerie** 2 anstelle des DDR-Centrum-Warenhauses haben den weitläufigen Charakter eingeengt, und die Wasserbecken sind eine klägliche Reminiszenz an die einstige Großzügigigkeit.

Einzig das **Rundkino** 2 von Manfred Fasold und Winfried Sziegoleit blieb unverändert, rutschte aber durch Nachwendegebäude in die zweite Reihe. Dabei wählten die Architekten die runde Form 1970 mit Bedacht, um dem 100 m langen Wohnriegel **Prager Zeile** 3 (Petersburger Str. 26–32) und den **Hotelbauten** 4 etwas ohne Kanten gegenüberzustellen. Dafür irritiert nun der vielkantige **UFA-Kristallpalast** 3 der Coop Himmelb(l)au, der 1998 neben dem Rundling gebaut wurde.

Dem Gott Mammon huldigen

Die Nachwende-Stadtentwicklung hat die Prager Straße vollständig dem Shopping-Primat untergeordnet. Kaum eine Handelskette zwischen H&M und Mango, Media Markt und Schuhhof, die fehlt.

Ü ÜBRIGENS

Dresden und seine holländische Partnerstadt Rotterdam teilen dasselbe Schicksal: Ihre Innenstädte wurden im Zweiten Weltkrieg komplett zerstört. Nach dem Krieg sahen sich beide Städte mit gewaltigen (städtebaulichen) Anstrengungen konfrontiert. Bei der **Neugestaltung der Prager Straße** nahmen sich die Dresdner Architekten die Rotterdamer Lijnbaan zum Vorbild, eine der ersten verkehrsberuhigten Einkaufsstraßen.

Allein die Centrum Galerie beherbergt 120 Läden, Starbucks inklusive, dazu gesellen sich Galeria und – hinter der Westseite des Altmarkts – die **Alt-markt-Galerie** 3 mit 180 Läden. Im **Hauptbahnhof** 5 folgt der nächste Schwung Geschäfte. Unter dem modernen Glasfasergewebe-Dach des Architekten Norman Foster steckt das historistische Gebäude von 1892, das dem Vorbild des Pariser Gare du Nord folgt. Es löste den Böhmischen Bahnhof ab, der der Prager Straße ihren Namen gab.

Jedes Jahr ein Fest: die erste öffentliche Stollenverkostung im November in der Altmarkt-Galerie, einer von 17 (!) Qualitätsprüfungen des Traditionsgebäcks.

UM DIE ECKE

An der Kreuzstraße und auf der Weißen Gasse gibt es jede Menge Cafés und Restaurants mit schattigen Terrassenplätzen. Perfekt für eine Pause! Spektakuläre Patisserie-Kreationen serviert Dirk Günther in seinem **Kuchenatelier** 4 im Gewandhaus.

INFOS/ÖFFNUNGSZEITEN

Galeria 1, **Centrum Galerie** 2, **Altmarkt Galerie** 3: Mo–Sa 10–20 Uhr
Kulturpalast 1: Schloßstr. 2, kulturpalast-dresden.de, Bibliothek: Mo–Sa 10–19 Uhr
Rundkino 2: Prager Str. 6, T 0351 484 39 22, www.cineplex.de
UFA-Kristallpalast 3: St. Petersburger Str. 24, T 0351 482 58 25, www.ufa-dresden.de

KULINARISCHES FÜR ZWISCHENDURCH

Die schöne geschwungene Treppe des Sausalitos 1 stammt aus den 1950er-Jahren (Altmarkt 6, T 0351 16 01 31 40, www.sausalitos.de, Mo–Do 17–23.30, Fr, Sa 16–1 Uhr, €€, mexikanische Gerichte und großes Cocktailangebot.
Das **Ladencafé aha** 2 ist eines der wenigen, das hier nicht zu einer Kette gehört. Die Zutaten der vegetarischen Speisen sind fair trade und bio, die Waren im Untergeschoß auch (Kreuzstr. 7, T 0351 496 06 73, www.ladencafe.de, Mo–Sa 9–22, So 9–20 Uhr, €€).
Café am Ring 3: Ringstr. 7, T 0351 495 42 10, www.baeckerei-krause.de, Mo–Fr 6–18.30, Sa, So 7–18.30 Uhr
Kuchenatelier 4: Ringstr. 1, T 0351 49 49 69, www.kuchenatelier.com, Mi–So 13–18 Uhr

#7

Stadt, Wiese, Fluss – **Innere Neustadt und Königsufer**

Barockviertel mit Elbwiesen-Anschluss … Wie hört sich das für Sie an, gut? Nach einem Besuch bei Dresdens genialstem Stadtplaner – August dem Starken, wem sonst –, geht es ans Ufer der Elbe. Der Goldene Reiter, Dresdens Wahrzeichen, galoppiert schon mal voran.

Spaß mit dem »Goldenen Reiter« – August dem Starken! Bei der Restaurierung wurde das Reiterdenkmal übrigens mit 187 g Blattgold überzogen.

Die **Augustusbrücke** 1 hält direkt auf ihn zu: Der **Goldene Reiter** 2 verkörpert Kurfürst Friedrich August I. von Sachsen, König August II. von Polen, kurz: August den Starken. Der erst feuer-, heute blattvergoldete Reiter wurde 1735 aufgestellt, zwei Jahre nach Augusts Tod. Er reitet gen Königreich Polen und zugleich in die Innere Neustadt – den Stadtteil, den er formte.

Barock, barocker, am barocksten

Nachdem Altendresden im Jahr 1685 abgebrannt war, plante der sächsische Kurfürst das Viertel mit großer Geste neu. König- und Albertstraße links und rechts der Hauptstraße folgen dem barocken Ideal von symmetrischer Regelmäßigkeit. Die Gestaltung der Häuser bestimmte eine Bauordnung. »Neue Königstadt« ließ August seinen Wurf benennen, kurz: Neustadt, ein recht kleines Areal in Form eines Dreiecks, dessen Schenkellinien gerade mal 2 x 300 und 1 x 350 m lang sind.

Das Zentrum bildet die platanenbeschattete Hauptstraße, bei der Augusts Stadtplaner Länge vortäuschten, indem sie sie zum Albertplatz hin immer schmaler werden ließen. Um diesen Effekt zu erzielen, musste die **Dreikönigskirche** 3 abgerissen und 1732–39 von Matthäus Daniel Pöppelmann und George Bähr zur Hauptstraße ausgerichtet neu aufgebaut werden – ungewöhnlich genug mit ihrem Altar im Westen und dem 85,5 m hohen Turm dahinter.

Innen sind der »Dresdner Totentanz« aus der Renaissance und der barocke Altar von Johann Benjamin Thomae zu sehen. Der Bildhauer hat auch die beiden **Nymphenbrunnen** links und rechts des Goldenen Reiters geschaffen. Das Wasserthema, gewidmet der Elbe und der polnischen Weichsel, wiederholt sich bei den zwei Brunnen am Albertplatz: Robert Diez schuf **Stilles Wasser** 4 und **Stürmische Wogen** 5 im Jahr 1894.

So freizügig geht es am Japanischen Palais nicht immer zu. Auslöser für das textilfreie Auftreten junger Damen war die Kunstaktion »Frühstück auf der Wiese«, bei der Aktbilder im Stil des berühmten Gemäldes »Frühstück im Grünen« von Èdouard Manet entstehen sollten.

▶ INFOS

www.barockviertel.de – Website des Vereins Dresdner Barockviertel Königstraße e. V.

Die ›Essenz‹ des alten Dresden

Die Häuser der Königstraße von Barock bis Biedermeier entstanden nach der Bauordnung Matthäus Daniel Pöppelmanns mit höchstens drei Stockwerken, symmetrischer Fassadengliederung, Gurtgesimsen und Quadern für das Erdgeschoss. Die barocken Mietshäuser rund um die Königsstraße zeigen, wie im Dresden vor der Zerstörung gelebt wurde.

Dem stillen Flair des Viertels lässt sich gut in einem der kleinen Restaurants rund um den **Rebeccabrunnen** 6 (1858) hinter der Dreikönigskirche nachspüren. In den Gassen ringsum – Heinrichstraße, Obergraben, Rähnitzgasse oder Wallgässchen – gibt es zahlreiche Boutiquen, Galerien, Design- und Antiquitätenläden.

Ü ÜBRIGENS

Am Rebeccabrunnen hinter der Dreikönigskirche halten ökologisch produzierende Direktvermarkter aus der Umgebung samstags einen **Bauernmarkt** 1 ab (www.dresden.de/maerkte, 9–13 Uhr).

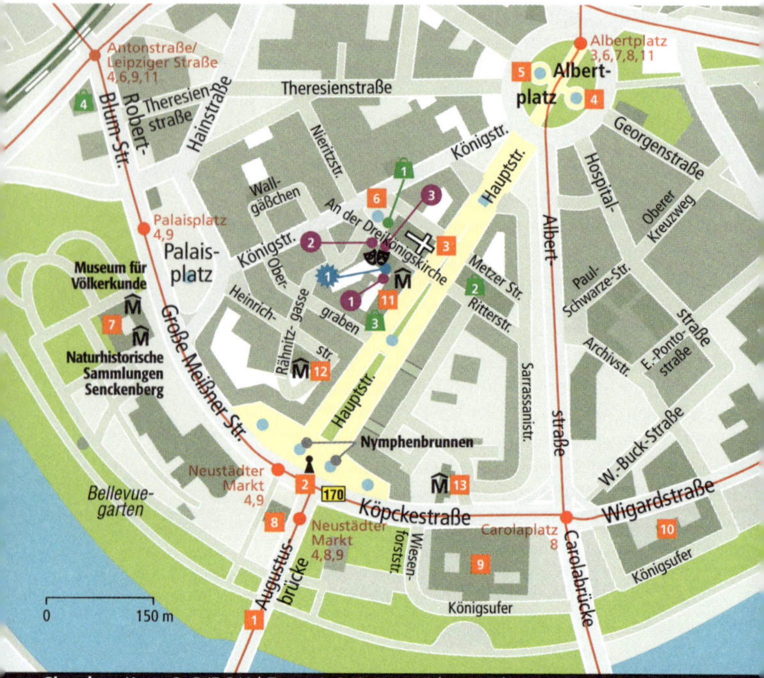

Cityplan: Karte 2, D/E 3/4 | **Tram** 4, 8, 9: Neustädter Markt

Ü ÜBRIGENS

Summer in the City: Der Park des Japanischen Palais ist im August Austragungsort des Kultur**sommers** mit kostenlosen Konzerten, Kleinkünstlern, Hörspielnächten und vielem mehr (kultursommerdresden.de). Und bei den **Filmnächten am Elbufer** im Juli und August verwandelt sich das Elbufer zu Deutschlands schönstem Open-Air-Kino (Königsufer, www.filmnaechte.de).

Pöppelmanns Porzellanschloss

Richtung Elbe mündet die Königstraße in den Palaisplatz, den die Große Meißner Straße vom **Japanischen Palais** 7 trennt. August der Starke kaufte das damalige Holländische Palais 1717 und ließ es für die Feierlichkeiten zur Hochzeit seines Sohnes zwei Jahre später umbauen. Im Anschluss wollte er es als Ausstellungsort für seine 30 000 Stücke umfassende Porzellansammlung nutzen, was der Tod des Kurfürsten allerdings verhinderte. Vollendet wurde der Umbau des Palais zur Vierflügelanlage mit asiatisch-orientalisch inspirierten Pagodendächern und Hermen mit asiatischen Gesichtszügen.

Heute bespielen die Staatlichen Kunstsammlungen Dresden die Räume mit wechselnden Ausstellungen und einem nachhaltigen Café. (Di–So 10–18 Uhr, Eintritt frei, www.skd.museum). Der Nordflügel gehört der Ausstellung »Bewegte Erde« der Seckenberg Naturhistorischen Sammlungen (Di–So 10–18 Uhr, 2/1 €, www.seckenberg.de).

INFOS/ÖFFNUNGSZEITEN

Turm der Dreikönigskirche 3: Hauptstr. 23, www.hdk-dkk.de, Mi–So 12–16 Uhr, zuweilen veranstaltungsbedingt geschlossen, 5/4 €
Im Kügelgenhaus, einem der kulturhistorisch wertvollen Bürgerhäuser aus der Zeit Augusts des Starken, hat sich das **Museum der Dresdner Romantik** 11 eingerichtet (Hauptstr. 13, T 0351 804 47 60, www.museen-dresden.de, Mi–Fr 10–17, Sa, So, Fei 12–17 Uhr, 4/3 €).
Als Städtische Galerie für Gegenwartskunst hat sich das **Kunst Haus Dresden** 12 einen Namen gemacht (Rähnitzgasse 8, www.kunsthaus dresden.de, T 0351 488 89 71, Mi, Do 14–19, Fr–So 11–19 Uhr, 4/2,50 €, Familien 6 €).
Das **Museum für sächsische Volkskunst und Puppentheatersammlung** 13 ist stilvoll im 400 Jahre alten Jägerhof untergebracht. Das Haus läuft in der Weihnachtszeit mit erzgebirgischer Holzkunst zur Hochform auf! (Köpckestr. 1, T 0351 49 14 20 00, www.skd.museum, Di–So 10–18 Uhr, 5/4 €).

STILVOLL GENIESSEN

Im **L'Art de Vie** 1 neben dem Socitaetstheater werden mediterrane Küche, Kuchen oder Wein serviert – mit Blick auf Kräutergarten und barocken Gartenpavillon (Hauptstr. 19 HH, T 0351 802 73 00, www.l-art-de-vie.de, Mo–Fr 10–22 Uhr, €€).
Die Tapas vom **El Español** 2 schmecken am besten auf dem von Linden beschatteten Platz am Rebeccabrunnen. (An der Dreikönigskirche 7, T 0351 804 86 70, widmann-gastronomie.de, So–Do 11–22, Fr–Sa 11–23 Uhr, €).
Benachbart in der **Pastamanufaktur** 3 werden Nudeln mit Stil serviert (An der Dreikönigskirche 3, T 0351 323 77 99, diepastamanufaktur.de, Mo–Sa 11–22 Uhr, €).

»BÜHNE FREI« IM HINTERHOF

Im **Societaetstheater** 1 von 1779 kommen zeitkritische Stücke auf die Bühne (An der Dreikönigskirche 1a, T 0351 803 68 10, www.societaets theater.de).

Gartenglück mit Elbe-Anschluss

Zum Reiz des Palais gehört die elbseitige Parkanlage mit barocken und englischen Elementen. Parkwege führen hinüber zu den Gärten des Hotels Westin Bellevue und zum Königsufer. Das **Blockhaus** 8 an der Augustusbrücke errichtete Longuelune 1732 in der für ihn typischen streng-klassischen Manier als Neustädter Wache. Die beiden großen Gebäude im Gründerzeit-Historismus links und rechts der Carolabrücke beherbergen das **Finanzministerium** 9 (1890–96), vor dem im Sommer die Filmnächte-Leinwand steht, und die **Staatskanzlei** 10 (1900–06).

UM DIE ECKE

Unter den Fotografien, Grafiken und Bildbänden im **Antiquariat Bachmann & Rybicki** 4 stoßen Sie auf Musterbücher zu Wandgestaltungen um 1920 – farbig wie nie (Robert-Blum-Str. 11, www.dresden-antiquariat.de, Di–Fr 10–18 Uhr).

Ü ÜBRIGENS

In der **Neustädter Markthalle** 2 von 1899 gibt es frische Lebensmittel und Imbissangebote. (Metzer Str. 1, www. markthalle-dresden.de, Mo–Sa 8–20 Uhr). In den Durchgängen und Höfen der **Kunsthandwerkerpassagen** 3 offerieren kleine Lädchen Schmuck, Antiquitäten oder Töpferwaren (Hauptstr. 9–19, www.hauptsa che-hauptstrasse.de).

8

Wo sich Punk und Polizist Gute Nacht sagen – **Szeneviertel Neustadt**

Es soll Bewohner der Äußeren Neustadt geben, die ihren Stadtteil nur im Notfall verlassen. In der Tat weht in dem Gründerzeitviertel zwischen Albert- und Alaunplatz ein anderer Wind: Hier stemmt sich Improvisationstalent gegen Luxussanierung und ein buntes, lebendiges Straßenbild gegen den Ruhebedarf zur Nachtzeit.

Das **Hochhaus** 1 am Albertplatz (mit dem Simmel-Supermarkt im Erdgeschoss) ist ein guter Anfang: Es war bei seiner Einweihung 1929 das erste in Dresden und es steht am Anfang eines Viertels, in dem das Leben schon zur Zeit seiner Entstehung schneller rotierte als im Rest der Stadt.

Die dichte Gründerzeitbebauung entstand im Wesentlichen zwischen 1860 und 1900 im Zuge der Industrialisierung, als Dresden auf 500 000 Einwohner anwuchs. Arbeiter, kleine Beamte,

Das Szeneviertel Äußere Neustadt zählt rund 100 Kneipen, Ateliers, Kleinkunstbühnen und unzählige flippige Läden.

Eine Institution in der Dresdner Neustadt ist Katy's Garage in der Alaunstraße 48 – hier gibt's einen Biergarten, Konzerte und Gartenkino, Grillstation und Tischkicker und viel Szenekiez-Flair. Der Name ist Programm in puncto Deko und Ambiente: Alte Autos, Ersatzteile und Auspuffe, Motorenblöcke und Reifen erinnern an den Reifenservice, der hier einst sein Zuhause hatte (katysgarage.de).

Schneiderinnen, Stuckateure, Polizisten, Hebammen zogen in die Häuser – die Neustadt war kein nobles Quartier. Für ein Szeneviertel aber waren alle Zutaten da: genügend Ladengeschäfte und Hinterhoffabriken – und nach 40 DDR-Jahren ohne Sanierungen genügend Leerstand für Ideen und Nutzungen aller Art.

»Als ich ein kleiner Junge war«

Auch das **Erich Kästner Museum** 2 in der Villa Augustin ist ein guter Anfang! Kästners Eltern waren typische Neustadt-Bewohner des beginnenden 20. Jh.: Sein Vater arbeitete in einer Kofferfabrik, die Mutter erlernte mit 32 Jahren das Friseur-Handwerk. In ihren Wohnungen auf der Königsbrücker Straße (in der **Nr. 66** 3 wurde der Schriftsteller 1899 geboren) war immer ein Zimmer untervermietet, um die Miete stemmen zu können. In seinen Kindheitserinnerungen beschreibt Kästner eine quirlige Neustadt, in der er zur Schule ging und in den Kasernen der Albertstadt hinter dem **Alaunplatz** 4 seinen Militärdienst leistete.

Bunte Republik Neustadt

Die Alaunstraße eignet sich am besten für eine Neustadt-Erkundung. Auf ihr reihen sich Läden und Kneipen dicht an dicht. Vor der **Scheune** 1, dem alteingesessenen Subkulturzentrum, hängen scharenweise Punks herum. Anheimelnd ist es im **Kunsthof** 1 (Eingang Nr. 70). In den fünf bunt gestalteten Höfen gibt es fair gehandelte Mode, Schmuckunikate, Weine und Kinkerlitzchen-Läden,

▶ LESESTOFF

Erich Kästners **Als ich ein kleiner Junge war** (Erstveröffentlichung 1957) ist *die* Pflichtlektüre zur Neustadt.

Ü ÜBRIGENS

Das **Nordbad** 1, eröffnet 1895, ist das älteste Dresdner Hallenbad. Von seiner Wannenbad-Abteilung profitierten die Neustädter noch 100 Jahre später, weil die allermeisten Wohnungen des Viertels kein Bad hatten. Inzwischen gehören Schwimmbecken, Saunalandschaft und Liegewiese zum Angebot – alles recht klein, aber immer noch unverzichtbar für die Neustädter (Louisenstr. 48, HH, T 0351 48 41 94 50, dresdner-baeder.de).

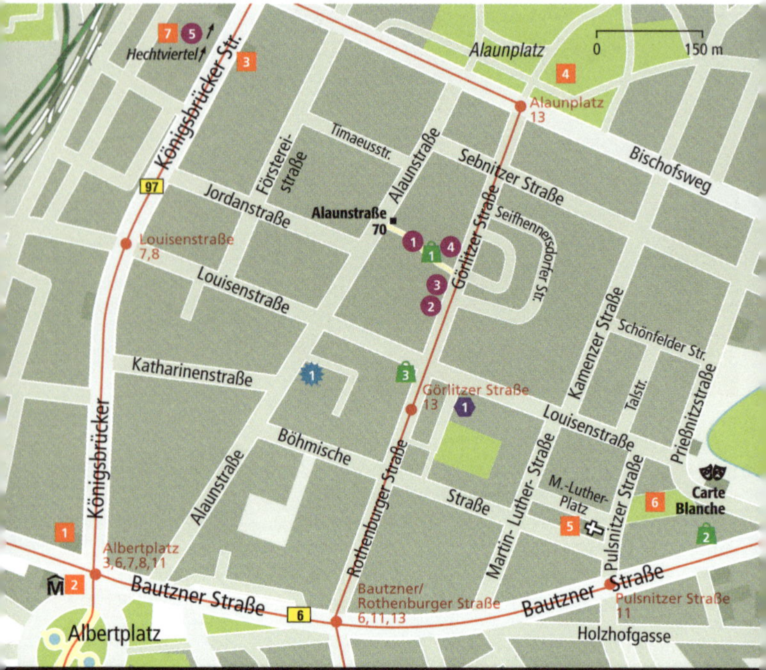

Cityplan: Karte 2, E 2/3 | **Tram** 3, 6, 7, 8, 11: Albertplatz

INFOS/ÖFFNUNGSZEITEN

Erich Kästner Museum 2: Antonstr. 1, www.erich-kaestner-museum.de, Mo, Do, Fr, So 10–17, Mi 12.30–17 Uhr, 6/4 €
Alter Jüdischer Friedhof 6: Pulsnitzer Str. 12, Torschlüssel im Hatikva e.V., Nr. 10, T 0351 802 04 89

SATT & GLÜCKLICH

Im Kunsthof liegen gleich vier gute Adressen: **Lila Soße** 1 serviert in Weckgläsern (Alaunstr. 70, www.lilasosse.de, Mo–Fr ab 16, Sa/So ab 12 Uhr, €€), bei **Neumanns Tiki** 2 gibt's leckerstes (veganes) Eis (Görlitzer Str. 21, tgl. 10–18 Uhr), das **Madness** 3 ist die Bar für's Abhängen bei Cocktails und Kleinstserien-Bieren und Musik vom DJ. (Görlitzer Str. 23, www.madness-dresden.de, tgl. 18–1 Uhr, Fr, Sa bis 3 Uhr), und das **Hofcafé** 4 gilt als das kleinste Kaffeehaus der Stadt (Görlitzer Str. 25, April–Sept. tgl. 11–19, Okt.–März tgl. 11–18 Uhr; Rosenbaiser probieren!).
Ein wunderbares Restaurant mit netten Leuten und kleiner, aber guter Speisekarte ist das **Sankt Pauli** 5 (Tannenstr. 56, sankt-pauli.in, Mo–Fr 18–0, Sa, So 12–0 Uhr, €€).

WILLKÜRLICH HERAUSGEGRIFFEN ...

Der mit Engeln und Milchmädchen geflieste Käseladen **Pfunds Molkerei** 2 ist ein touristischer Hotspot, sorgt aber für leckere bzw. hübsche Mitbringsel (Bautzner Str. 79, www.pfunds.de, Mo–Sa 10–18 Uhr). ›Fair einkaufen‹: In Dresden designte Mode und Wohntextilien bietet **Tranquillo** 3 an (Rothenburger Str. 43, www.tranquillo-shop.de, Mo–Fr 10–19, Sa 10–18 Uhr).

vor allem aber das eigenwillige Restaurant **Lila Soße** 1 mit Hang zu Weckgläser-Menüs und **Neumanns Tiki** 2, das sein selbstgemachtes Eis im Hof der Tiere serviert.

Die Görlitzer kreuzt die Louisenstraße, die zweite ›Magistrale‹ der Neustadt. Läden, Kneipen, Clubs, Cafés – bis zur Martin-Luther-Straße, die auf den gleichnamigen Platz mit der neogotischen **Martin-Luther-Kirche** 5 von 1887 führt. Hinter der Kirche liegt der **Alte Jüdische Friedhof** 6. Erst 1751 übrigens gestattete der sächsische Premierminister Graf Brühl der jüdischen Gemeinde, ihre Toten hier zu beerdigen.

Ein Fest für Leib und Seele

In der Bautzner Straße liegt der legendäre Milchladen von **Pfunds Molkerei** 2, seit 1892 Aushängeschild des Milchimperiums von Paul Gustav Leander Pfund. Weil im schnell expandierenden Dresden der Jahrhundertwende frische, ungepantschte Milch rar war, betrieb der findige Landwirt in der Neustadt eine Schau-Molkerei und stellte bald auch Kondensmilch und Babynahrung her, richtete eine Kühlkette und einen Betriebskindergarten ein. Geblieben ist der Villeroy & Boch-gekachelte Laden mit 110 (!) Käsesorten im Angebot.

UM DIE ECKE

Machen Sie einen Abstecher ins **Hechtviertel** zwischen Rudolf-Leonhard-Straße und Hechtstraße: Das Tempo dort ist geruhsamer, die Atmosphäre ursprünglicher. Rund um die als Off-Theater genutzte Kirchenruine **St. Pauli** 7 am Königsbrücker Platz gibt es schöne Einkehradressen, etwa Tagesbar & Restaurant **Sankt Pauli** 5.

Ü
ÜBRIGENS

Ein paar der besten Dresdner Feste finden in der Neustadt statt: Zur **Bunten Republik Neustadt** am zweiten Juniwochenende spielt alle paar Meter eine andere Band, dazwischen ist vom selbst gemischten Holunderblütensekt bis zum ausgelagerten WG-Wohnzimmer alles zu finden, was als Festbestandteil taugen könnte (www.brn-dresden.de). Zum **Schaubudensommer** ab Mitte Juli ist das Gelände hinter der Scheune ein Gesamtkunstwerk (normalerweise) im Dienste der Schausteller: skurrile Einzeldarsteller, komische Talente, Theaterparodisten und sonstiges fahrendes Volk zeigen ihre Künste auf unzähligen Bühnen (www.schaubudensommer.de). Bis 2025 allerdings ist die Scheune eine riesige Baustelle, und der Schaubudensommer ist solange an anderen Austragungsorten zu finden. Im Hechtviertel nordwestlich der Neustadt gehört das letzte Augustwochende dem **Hechtfest** (www.hecht-viertel.de).

Nicht nur samstagsabends: Eingang zu einer Straßendisco in der Neustadt, die als eine Oase der Subkultur gilt.

#9

Alle Zutaten für einen Sonntagsausflug – **der Große Garten**

Hier gibt es (fast) nichts, was es nicht gibt: Zwischen barocker Symmetrie und englischer Parklandschaft finden Kunstliebhaber Skulpturen und ein frühbarockes Palais, Kinder den Zoo und die Parkeisenbahn, Technikfans die Gläserne Manufaktur – und das Deutsche Hygiene-Museum passt zu jeder Interessenlage.

»Hm!«, »Lecker!«, »Scharf!« – Besucher bestaunen den Themenraum Essen und Trinken in der Dauerausstellung »Abenteuer Mensch« im Deutschen Hygiene-Museum. Die gläserne Kuh Heidi hat es aus der alten Ausstellung in die neue geschafft und genießt ihre Beliebtheit.

Nach dem Dreißigjährigen Krieg organisierte Kurfürst Johann Georg III. (1647–91) das kulturelle Leben nach dem absolutistischen Vorbild von Versailles. Dazu gehörte auch die Anlage des Großen Gartens um 1663: Platz für ausgeklügelte Festlichkeiten auf 200 ha. Ursprünglich durchzogen symmetrische Wege und Grünanlagen die ganze Anlage. Die Hauptallee verläuft heute immer noch schnurgerade als Mittelachse von Ost nach West,

parallel dazu die Herkulesallee, die vor dem Krieg bis zum Dresdner Rathaus führte.

Gärten fürs Volk!

Rund um das Palais ist der Park barock geblieben, doch bald verlieren sich die Wege in einer englischen Parklandschaft. Um 1814 gab der russische Generalgouverneur Fürst Repnin-Walkonski den Park für die Bevölkerung frei. Ende des 19. Jh. legte der Gartendirektor Johann Friedrich Bouché den Zoologischen Garten im Westen an.

Das **Palais** 1 im Großen Garten ist das Herzstück der Parkanlage und Dresdens erster Barockbau. Oberlandbaumeister Johann Georg Starcke erbaute es um 1683 mit einer Freitreppe zum Palaisteich, üppigem Skulpturenschmuck an der Fassade und typisch barockem Wechsel von vorkragenden und zurückweichenden Bauteilen. Heute wird es für Konzerte und Ausstellungen genutzt.

Auf Stippvisite bei starken Skulpturen

Skulpturen von Permoser, Knöffler und anderen Barockbildhauern des 17. und 18. Jh., zusammengetragen aus dem Zwinger und anderen Schlössern, sind im Skulpturenlapidarium im Erdgeschoss leider nur per Führung zu besichtigen (www.palais-grosser-garten.de). Einst hatte August der Starke – wer auch sonst? – rund 150 Skulpturen in Venedig und Rom ankaufen lassen. Einige Quellen sprechen gar von 1500, aber das scheint doch eher ins Reich der Fabeln zu gehören.

Wie dem auch sei, erhalten sind von ihnen heute noch 30, darunter im Rondell vor dem Palais **Die Zeit entführt die Schönheit** 2 von Pietro Balestra (ca. 1672–1729) und die marmorne **Üppigkeitsvase** 3 von Antonio Corradini (1668–1752) am Palaisteich. Corradini schuf auch die beiden frauenraubenden **Kentauren** 4 an der Hauptallee sowie **Die Zeit enthüllt die Wahrheit** 5 auf der Wiese vor dem Carolaschlösschen. Die kolossalen 3,50 m hohen **Herkulesfiguren** 6 und 7, die am Ost- und Westende der Herkulesallee stehen, stammen von Permoser. Die beiden **liegenden Löwen** 8 am Eingang zur Querallee schuf Gottlob Christian Kühn (1780–1828) ursprünglich für die Treppe zur Brühlschen Terrasse. Und den funkelnden **Mosaikbrunnen** 9 fertigte Hans Pölzig 1926 anlässlich der Internationalen Gartenbauausstellung in Dresden.

Ü
ÜBRIGENS

Bis zum Abgas-Skandal stellte VW in der **Gläsernen Manufaktur** 12 das Oberklassemodell Phaeton her. Jetzt ist eine große Neuausrichtung der Vorzeige-Produktionsstätte angesagt: E-Mobilität heißt das Stichwort – bei Rundgängen in der Manufaktur anhand von 50 interaktiven Exponaten und Fahrzeugen zu erleben. Inklusive Probefahrt, versteht sich! (Lennéstr. 1, www.glaesernemanufaktur.de, Führungen Mo–Sa 9–17 Uhr zu jeder vollen Stunde)

Für das romantische Abendprogramm: Sonnenuntergang vor dem Barockpalais im Großen Garten. Dazu passen gut ein leichter Weißwein, ein Baguette und ein leckerer Käse …

Skatepark mit Ausnahmelizenz: Am Lingnerplatz dürfen die Jugendlichen Half- und Quarterpipes, die langen Banks, Handrails, Curbs, Stairs etc. auch nachts nutzen.

Anfassen ausdrücklich erlaubt!

Als Karl August Lingner, Odol-Hersteller und Philanthrop, 1911 die erste Internationale Hygieneausstellung im Großen Garten ins Leben rief, kamen 5 (!) Mio. Besucher. Hygiene traf einen Nerv: Gerade waren die Zusammenhänge zwischen Verunreinigung, Bakterienkulturen und Krankheiten erkannt, die wichtigsten Impfungen eingeführt und die Reformbewegung in Dresden ohnehin fest verankert. Das **Deutsche Hygiene-Museum** 10 knüpfte 1930 an den Erfolg der Ausstellung an. Mit Objekten wie der Gläsernen

Ü ÜBRIGENS

Die **schönste Wiese** 2 zum Liegen oder Ballspielen ist beim Bahnhof Zoo zwischen Süd- und Querallee.

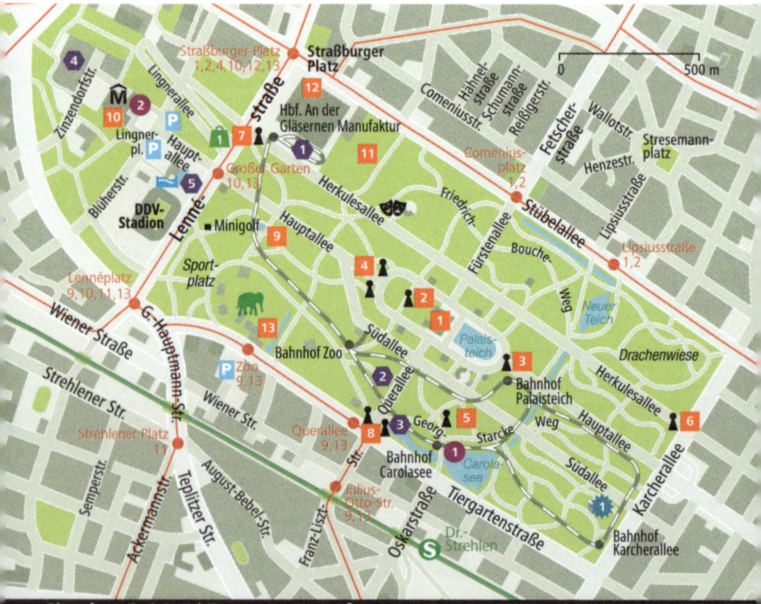

Cityplan: E–F 5–7 | **Tram** 10, 17: Großer Garten

Frau und Wachsmodellen der Krankheitsbilder wurden die körperlichen Vorgänge des Menschen anschaulich wie nie zuvor dargestellt. Bis heute ist das Museum ein Vorreiter leicht verständlicher, dabei maximal wissensvermittelnder Ausstellungsgestaltung: Mit Körpermodellen zum Anfassen, Apparaturen zum Ausprobieren, Hörstationen und vielem mehr fordert es Aktionen heraus und eröffnet überraschende Perspektiven auf das menschliche Sein – in den Themenbereichen Leben, Sterben, Essen, Trinken, Denken, Bewegung, Sexualität und Schönheit. Sonderausstellungen behandeln aktuelle Aspekte zu Arbeit, Sprache, Religion. Übrigens: Die tempelfront-ähnliche Pfeilerkolonne als Eingangsportal schaute sich Architekt Wilhelm Kreis beim Hellerauer Festspielhaus ab.

UM DIE ECKE

Der **Botanische Garten** 11 der TU Dresden scheint ein wenig aus der Zeit gefallen. Die Gewächshäuser, Staudenanlagen und Vegetationszonen-Beete haben etwas Verwunschenes.

Ü ÜBRIGENS

Frisch vom Hof: Jeden Freitag bieten Erzeuger aus der Dresdner Umgebung ihre hoffrischen Produkte auf dem **Sachsenmarkt** 1 vor dem Hygiene-Museum an: herrliche Blumensträuße, kräutergewürzte Frischkäse oder die ersten Kartoffeln. Leckeres Mitbringsel: Rindsknacker (www.dresden.de/maerkte, Lingnerallee, Fr 8–16.30 Uhr).

INFOS/ÖFFNUNGSZEITEN

Palais 1: www.palais-grosser-garten.de
Deutsches Hygiene-Museum 10: Lingnerplatz 1, T 0351 484 64 00, www.dhmd.de, Di–So 10–18 Uhr, 10/5 €,
Botanischer Garten 11: Stübelallee 2, www.tu-dresden.de/bg, Dez./Jan. 10–15.30, Feb., Nov. 10–16, März, Okt. 10–17, April–Sept. 10–18 Uhr, Eintr. frei)

MIT KINDERN IM GROSSEN GARTEN

Im **Zoo** 13 gibt's neben Tieren auch tolle Spielplätze. (www.zoo-dresden.de, T 0351 47 80 60, April–Sept. 8.30–18.30, Nov.–März 8.30–16.30 Uhr, 16/11 €). Die **Parkeisenbahn** 1 startet alle 10–30 Min. bei der Gläsernen Manufaktur (www.dresdner-parkeisenbahn.de, April–Okt. tgl. 10–18 Uhr, 1–6 €, Kinder 0,50–3 €). **In der Freiluftarena »Junge Garde«** 1: ist in den Sommermonaten jedes Wochenende Konzert: www.junge-garde.com.

AUF EINEN KAFFEE UND MEHR

Am **Carolaschlösschen** 1 sind Tische mit Blick auf die Fontäne im Carolateich heiß begehrt (T 0351 250 60 00, www.carolaschloesschen.de, Mo–Sa ab 11, So 10–18 Uhr, So Familienbrunch, €€). Leichte Küche und guten Kaffee serviert die **Museumsküche** 2 im Hygiene-Museum (T 0351 32 37 14 70, https://museumskueche.de, Di–Fr 10–18 Uhr, Sa, 12–18 Uhr, €€).

AKTIV IM PARK

Ruderbootverleih am Carolasee 3: April–Okt. Mo–Fr 11–18, Sa/So 10–19 Uhr (nicht bei Regen).
Skatepark 4: Dresdens größte Skateranlage am Lingnerplatz.
Georg-Arnhold-Bad 5 mit Schwimm- und Kinderbecken (Hauptallee 2, T 0351 48 41 92 00, www.dresdner-baeder.de, Mo–Sa 10–22 Uhr, 7 €/2 Std., Freibad tgl. 10–19 Uhr, 6/4 €).

10

Erleben Sie Ihr ›Blaues Wunder‹ ... und mehr – **der Elberadweg**

Machen Sie es wie die Dresdner: Sobald das Wetter dazu einlädt, radelt halb Dresden an der Elbe entlang, zur Arbeit oder einfach so. Schließlich machen Dresdens Elbwiesen den Reiz der Stadt aus. Also, Helm auf und los!

Offiziell heißt sie Loschwitzer Brücke, doch im Volksmund blieb sie immer das Blaue Wunder. Dies verdankt sie zum einen der Farbe ihres Anstrichs und zum anderen der Tatsache, eine der technischen Meisterleistungen des beginnenden 20. Jh. zu sein.

Und wer keine Lust auf den (geliehenen) Drahtesel hat: Auch die schönsten Spaziergänge durch Dresden führen an der Elbe entlang – vorbei an Elbwiesen, Villen, Uferstränden, Brücken und Parks öffnet sich plötzlich der Blick auf die Silhouette der Altstadt.

3500 Tonnen Eisen und 100 000 Nieten

Vom Körnerplatz geht es über das **Blaue Wunder** 1 hinüber zum Schillerplatz. Die Stahlkonstruktion der Brücke überspannt seit 1893 die Elbe. Als sie im Mai 1945 gesprengt werden sollte, um

das Vorrücken der Roten Armee zu verhindern, gaben sie die Dresdner nicht so einfach her: Unabhängig voneinander zerschnitten zwei Retter die Sprengkabel.

Der Elberadweg führt an der toskanisch anmutenden **Villa Marie** 1 (▶ S. 95) vorbei. Auch sie wurde gerettet – von einer Studentin namens Wanda, die einzog, nachdem die Villa 1980 nach Enteignung und Verfall für unbewohnbar erklärte wurde. Sie gründete die Galerie fotogen, bot Künstlern Quartier, organisierte Performances, Lesungen, Feste und nicht zuletzt Reparaturarbeiten – illegal und scharf beobachtet. Als die DDR-Behörden ihr 1988 das Ausstellen von Bildern und Plastiken verboten, verabschiedete sich Wanda mit einer Gerüche-Ausstellung. Was sie vom italienischen Restaurant hält, das hier seit 1992 residiert, ist nicht bekannt.

Kaum ein Neustadt-Bewohner, der im Sommer nicht mit Picknickdecke, Kühlbox und mobilem Grill auf ›seiner‹ Elbwiese auftaucht …

Weltkulturerbe versus Waldschlösschenbrücke

Am gegenüberliegenden Elbhang geben alte Winzerhäuser, Villen und **Schloss Eckberg** 2, **Lingnerschloss** 3 und **Schloss Albrechtsberg** 4 ein pittoreskes Bild ab, bevor die umstrittene **Waldschlösschenbrücke** 5 ins Bild rückt. Ihr Bau führte dazu, dass die UNESCO Dresden 2009 den Weltkulturerbe-Status aberkannte.

Ganz in der Nähe liegt das zu DDR-Zeiten gefürchtete Gelände der Bezirksverwaltung des Ministerium für Staatssicherheit (MfS), kurz: die Stasi-Zentrale. Wie sie in den Alltag der Menschen eingriff, thematisiert die **Gedenkstätte Bautzner Straße** 6 im ehemaligen Hafthaus.

Im Schatten unter Bäumen …

Sonnige Plätze mit Aussicht auf Dresden versprechen hier einige Biergärten, u. a. **Fährgarten Johannstadt** 3 und das **Café im Rosengarten** 4 mit fast 150 (!) Rosensorten. Die nostalgisch anmutende Fähre pendelt vom Fährgarten übrigens hinüber zur Neustadt.

Nach der **Albertbrücke** 7 (1875–77) wird das Carus- zum Königsufer und damit zum »Wohnzimmer der Dresdner«. Der attraktive Bogenschütze von 1902 markiert den Beginn des **Staudengartens** 8. Dahinter thront die **Staatskanzlei** 9, eine historisierende Vierflügelanlage von 1904. Schmal schiebt sich die **Carolabrücke** 10 ins Bild, errichtet

▶ LESESTOFF

Anhand von bislang z. T. unveröffentlichten Häftlingsinterviews schildert Heiko Neumann in seinem 2016 erschienenen Buch **Und die hatten dann irgendwie meinen Willen gebrochen** den Alltag in der MfS-U-Haft in der Bautzner Straße (zu beziehen über die Gedenkstätte oder per E-Mail: info@bautzner-strasse-dresden.de).

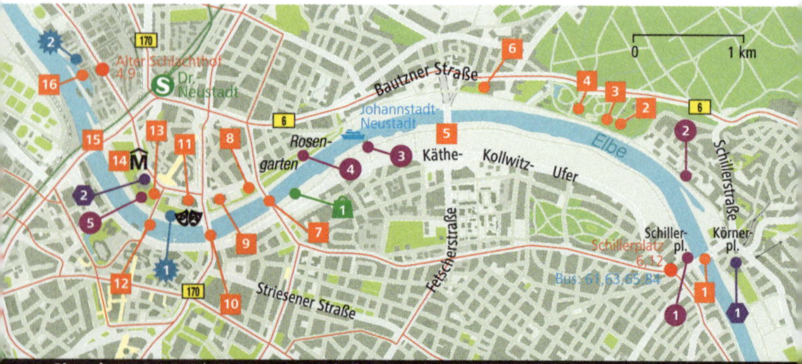

Cityplan: C-J 3/4 | **Tram** 6, 12: Schillerplatz, zurück Tram 6: Antonstraße

INFOS/ÖFFNUNGSZEITEN

Strecke: ca. 8 km, per Rad ca. 2 Std., Spaziergang ca. 4 Std. (mit Einkehr)
Radverleih Radsport Päperer 1: Veilchenweg 2, T 0351 264 12 40, Mo–Fr 10–13, 14–18, Sa 10–13 Uhr, ca. 10 €/ Tag (vorher anrufen)
Gedenkstätte Bautzner Straße Dresden 6: Bautzner Str.112a, T 0351 646 54 54, www.bautzner-strasse-dresden.de, tgl. 10–18 Uhr, 6/4 €, bis 18 Jahre frei

BEVORZUGT DRAUSSEN

Barista-Kaffee oder hausgemachte Limo serviert das **Os2** 2 (Körnerweg 24a, T 0351 21 86 20 38, April–Okt. bei Sonne, Sa, So 13–18.30 Uhr).
Kühle Getränke und Deftiges vom Grill bietet der **Fährgarten Johannstadt** 3 unter Schatten spendenden Bäumen (Käthe-Kollwitz-Ufer 23b, T 0351 459 62 62, www.faehrgarten.de, April–Okt. tgl. ab 10, Dez., Jan. 11–21 Uhr).
Italienische Küche und Eis im **Café im Rosengarten** 4 (Carusufer 12, www.rosengarten-erleben.de, T 0351 802 07 74, Mi, Do 12–22, Fr, Sa 12–23, So 10–19 Uhr, €€).
Elbsegler 5: Große Meissner Str. 15, www.bilderberg-bellevue-dresden.de/biergarten-elbsegler, April–Sept. Fr, Sa ab 15 Uhr, €€
Filmnächte am Elbufer 1: dresden.filmnaechte.de, 60 Abende im Juli/Aug.

1967–71 als Ersatz für die im Krieg gesprengte. Der Weg führt vorbei am **Finanzministerium** 11 und – im Sommer – an der riesigen Leinwand der **Filmnächte am Elbufer** 1.

Dort, wo sich heute die **Augustusbrücke** 12 über die Elbe spannt, nutzten einst reisende Händler eine Furt. 1287 entstand hier eine erste Brücke.

Ü ÜBRIGENS

Samstags empfiehlt es sich, auf der Johannstädter Seite zu bleiben: Dann ist **Flohmarkt am Elbufer** 1 (Sa 7–16 Uhr) – und der lohnt sich wirklich!

Elbufer mit Turmlandschaft

Auf der anderen Elbseite zeigt sich Dresden derweil als sorgfältig komponierte Turm- und Fassadenlandschaft. Die Brühlsche Terrasse, der Rathausturm, die Glaskuppel der Kunsthochschule, die Sandsteinkuppel der Frauenkirche, der Hausmannsturm des Schlosses und der Turm der

Hofkirche ragen empor, weiter hinten schiebt sich das Bühnenhaus der Semperoper ins Bild. Und das alles liegt nur einen bequemen Spaziergang über die Augustusbrücke entfernt.

Im jugendlichen Alter von 26 Jahren ...

Gleich neben der Augustusbrücke liegt das **Blockhaus** 13, das 1732–39 als Neustädter Wache errichtet wurde. Dahinter beginnen die **öffentlichen Gärten** 2 des Hotel Bellevue. Einen spannenden Kontrast zur Umgebung bildet die Plastik »Gebrochenes Band« des Dresdner Künstlers Hermann Glöckner (1889–1987), der unter den Nationalsozialisten als »entartet« und unter dem DDR-Regime als »formalistisch« galt. Mit dem Glockenspielpavillon ist nun die Parkanlage des **Japanischen Palais** 14 erreicht.

Auch der **Elbsegler** 5, eine elegante Form des Biergartens, gehört zum Hotel Bellevue und bietet (wie auch das Canaletto-Restaurant im Hotel) den berühmten ›Canaletto-Blick‹. Ungefähr hier muss der 26-jährige Maler Bernardo Bellotto, genannt Canaletto, gestanden haben, als er 1748 die berühmteste Ansicht der Stadt, »Dresden vom rechten Elbufer unterhalb der Augustusbrücke«, malte – zu sehen in der Gemäldegalerie Alte Meister.

Jeder will ihn, den ›Canaletto-Blick‹.

Dresdens Docklands

Hinter der **Marienbrücke** 15 beginnt die **Leipziger Vorstadt** mit alten Lagerhallen und Schuppen. Ab 1839 starteten hier die Dampfzüge nach Leipzig. Das Gebiet wurde zum Motor für Dresdens Gründerzeit: Villeroy & Boch produzierte hier ab 1856 u. a. das Geschirr mit dem Brombeerdekor. Dem Chemiker Richard Seifert, der später das Mundwasser Odol mitentwickelte, gelang 1885 die Synthese des Aspirin-Wirkstoffs. Die Gebäude des früheren VEB Arzneimittelwerks Dresden (AWD), des größten der DDR, bestimmen den letzten Abschnitt bis zum **Neustädter Hafen** 16. Nach 1990 lagen die Industriegebäude und das kleine Hafengelände hier brach. Das ist Geschichte, inzwischen ist das Areal wohnbebaut. Glücklicherweise gelang die Koexistenz mit der tiefenentspannten Sommereinkehr Citybeach 2. Und mit der Kuppel der Yenidze im Vordergrund, dem grünen Ostragehege gegenüber und den Schiffen im Hafen wirkt Dresden von hier aus gesehen fast schon ein bisschen großstädtisch.

B BEACH

Sommer, Sonne, Strand in der City? Als Großstädter ohne Meerzugang bleibt den Dresdnern nur die Elbe, um ein bisschen Strandflair zu genießen. Ein paar Sommergärten machen das Gelände des Neustädter Hafens zur sommerlichen Flaniermeile. Piratenflair mit XXL-Liegen und riesigem Sportangebot liefert der **Citybeach** 2, www.citybeachdresden.de, Mai–Sept. tgl. ab 10 Uhr), als Winterbistro Nov.–Feb. Sa, So ab 12 Uhr.

11

Die drei Grazien vom Hang – **die Elbschlösser**

»Spieglein, Spieglein an der Wand …« Entscheiden Sie selbst, wem Sie den Vorzug geben würden. Denn eines märchenhafter als das andere, krönen Schloss Albrechtsberg, das Lingnerschloss und Schloss Eckberg den Elbhang. Und bei ihrer Entstehung hatte tatsächlich ein Prinz die Hände im Spiel.

Ein Prinz lebt in Schloss Albrechtsberg schon lange nicht mehr, dennoch wirkt die alljährliche Schlössernacht im Juli märchenhaft (www.dresdner-schloesser nacht.de).

›Schuld‹ an allem war der schottische Adlige Earl of Findlater, der den Reiz der Gegend entdeckte und sich hier, zwischen Mord- und Schotengrund, ein Wohnpalais errichten ließ. Er starb allerdings bereits im Jahr der Fertigstellung. Nachdem sein Palais ein paar Jahre als Ausflugslokal gedient hatte, erwarb Prinz Albrecht von Preußen das Anwesen 1850.

Bauen Zur schönen Aussicht

Mit dem Umbau des Palais zum **Schloss Albrechtsberg** 1 im spätklassizistischen Stil beauftragte Prinz Albrecht den Schinkel-Schüler und preußischen Landbaumeister Adolf Lohse, der Elemente der griechischen und römischen Antike und der italienischen Renaissance in den Schlossbau einfließen ließ. Die prächtige Innenausstattung mit wandhohen Vertäfelungen in kräftigen Farben, Marmorböden und einem Türkischen Bad, das der Alhambra nachempfunden ist, können heute bei Veranstaltungen auch Nicht-Prinzen bewundern.

Die Preußen kommen ...

Von Lohse stammt auch das benachbarte **Lingnerschloss** 2 mit seinen markanten Säulengängen in den Seitenflügeln. Die beiden Türme links und rechts des geraden Dachabschlusses nehmen unverkennbar Elemente des Nachbarschlosses auf.

Auch die Geschichte des Lingnerschlosses ist eng mit der des Albrechtsschlosses verbunden: Freifrau von Stockhausen, Hofmarschallin des Preußischen Prinzen, ließ es 1850 als Villa Stockhausen für ihre Familie bauen. Prinz Albrecht hatte sie mit dem Kauf und der Bauaufsicht seines Schlosses beauftragt – als Preuße konnte er damals keinen Grundbesitz in Sachsen erwerben.

Der eigentliche Namensgeber des Schlosses – Karl August Lingner (1861–1916) – kaufte es 1906. Der Unternehmer war mit dem Odol-Mundwasser zum Millionär geworden und setzte sich für Gesundheit und Aufklärung ein: Neben dem Hygiene-Museum initiierte er 1898 die erste Säuglingsklinik der Welt, außerdem eine Zentralstelle für Zahnhygiene, eine für Desinfektion und eine Lesehalle. Sein Schloss vererbte er der Stadt mit der Auflage, es allgemein zugänglich zu halten.

Ein Ort für alle

Den Park, der beide Schlösser umfasst und der heute weitgehend frei zugänglich ist, legte der preußische Gartenbaumeister Eduard Neide (1818–83) an, ein Schüler des großen Peter Joseph Lenné. Er setzte vier Landschaften in Szene: Auf der Ebene vor den Schlössern führen geschwungene Wege an Baumgruppen, Wiesen und Teichen mit natürlicher Anmutung vorbei. Am Hang sind ein künstlicher Wasserfall, ein Viadukt, Felstürme

Ü ÜBRIGENS

Haben Sie Lust auf ein bisschen Schlossklatsch? **Prinz Albrecht** war auf der Suche nach einem Hausstand fern seiner Heimat, denn seine zweite Frau Rosalie von Rauch war nicht standesgemäß und blieb daher vom preußischen Hof ausgeschlossen. Sie wohnte bis zu ihrem Tod 1879 im **Schloss.** Ihr Sohn Wilhelm von Hohenau verkaufte es 1925 an die Stadt Dresden. 1945 zog die Sowjetische Militäradministration ein, ab 1951 diente es als Pionierpalast: Kinder konnten hier Kurse in Ballett, Töpfern, Geografie oder Schach besuchen. Die Jugendkunstschule im Pförtnerhaus ist eine Erinnerung daran.

Ü ÜBRIGENS

Der Förderverein **Lingnerschloss** setzt sich für die Sanierung des Schlosses ein und sammelt kreativ Spenden – etwa mit der Benefizreihe **Kleinkunst mit Panoramablick,** in der Musiker, Sänger, Historiker oder Literaten einen Abend gestalten (www.lingnerschloss.de, Fr 19.30 Uhr, Eintritt 15/10 €).

Schönheit hoch zwei: die Sängerin Clarisa Karnikowski beim Fotoshooting im Garten von Schloss Eckberg mit einer ›Gefährtin‹.

und künstliche Ruinen dekorativ verstreut. Zu Füßen des Albrechtsschlosses vervollständigt ein römisches Bad, das **Prinzenbad** 3, den architektonischen Gesamteindruck.

Schlossurlaub für Luxusbienen

Das im Tudorstil gehaltene **Schloss Eckberg** 4 auf einer Felsspitze am Hang hebt sich schon optisch von den beiden anderen ab: Das Grundstück erwarb der Kaufmann John Daniel Souchay 1858 und beauftragte den Semper-Schüler Christian Friedrich Arnold mit dem Bau – neogotisch, unsymmetrisch, an eine mittelalterliche Burg erinnernd. Heute beherbergt es ein Luxushotel.

INFOS/ÖFFNUNGSZEITEN

Schloss Albrechtsberg 1: www.schloss-albrechtsberg.de, Führungen T 0351 811 58 23

Saloppe 5: Elberadweg/Brockhausstraße. Das schicke Haus ist Dresdens erstes Wasserwerk (1875) und wird heute als Wohnhaus genutzt (s. u.).

FÜRSTLICH SPEISEN?

Lingner hinterließ der Stadt sein Schloss mit dem Vermächtnis, »kein Etablissement nur für reiche Leute« daraus zu machen. Die **Lingnerterrassen** 2 tragen dem Rechnung (www.lingnerterrassen.de, Mi–Sa 12–18, So 10–14, 15–18 Uhr, €€). Der Park von **Schloss Eckberg** 4 ist nicht öffentlich, doch Besucher des Restaurants mit schicker Terrasse, Wintergarten und Gartensaal dürfen natürlich rein (www.schloss-eckberg.de, T 0351 809 90, Mo–Sa 14–18, 18–22 Uhr, €€€. Die Weine der Hänge unterhalb von Albrechts- und Lingnerschloss gibt es zu frischem Flammkuchen in der **Weingalerie Dr. Müller** 1 im Kavaliershaus unterhalb des Albrechtsschlosses (www.winzer-lutz-mueller.de, T 0172 993 02 05, März, Nov. So, Fei 11–19, April–Okt. Sa, So 11–19 Uhr, €).

FÜR PARTY PEOPLE

Salopper Charme in der Sommerwirtschaft **Saloppe** 1! Nachmittags Sommerfrische, nachts finden die Konzerte und Partys kaum ein Ende. Höhepunkt ist das Saloppe-Seifenkistenrennen im Sept. (Brockhausstr., www.saloppe.de, T 0172 353 25 86, Mai–Okt. Di, Do 17–1, Sa 12–3, So 12–22 Uhr).

Cityplan: G/H 3 | **Tram** 11: Elbschlösser

Hier schwebt's sich gut – **mit der Seilbahn ins Goldstaubviertel**

\# 12

Auf der Suche nach einem idealen Sommersitz wurden Dresdner Künstler im Fischerdorf Loschwitz fündig. Das war im 18. Jh., doch dass es an Attraktivität nicht verloren hat, führt eine Fahrt mit der Schwebebahn den Elbhang hinauf zum Viertel Weißer Hirsch eindrücklich vor Augen.

Die Gassen vom Körnerplatz hinunter zur Elbe vermitteln ein Bild des alten Loschwitzer Dorflebens. Rund um die **Senfbüchse** 1 – kein Einheimischer kennt die Bezeichnung Joseph-Hermann-Denkmal – bergen die Häuschen aus dem 18. und frühen 19. Jh. zahlreiche Lädchen. In der **Friedrich-Wieck-Str. 10** wohnte der gleichnamige Musikpädagoge, bekannt durch seine Tochter Clara Schumann. Noch ans frühe 17. Jh. erinnert das **Fährhaus in Nr. 45.** Mit der dörflichen Ruhe war es jedoch vorbei, als Anfang des 19. Jh. immer mehr Künstler feststellten, dass die Romantik um die Ecke liegt.

Seit 1901 unterwegs: die Schwebebahn.

Das Treffen in Dresden

Der Staatswissenschaftler Christian Gottfried Körner kaufte sich ein **Weinberghaus** 2 (Körnerweg Nr. 6) als Sommersitz und machte es zum Treffpunkt der führenden Denker des frisch gegründeten Deutschlands: Johann Wolfgang von Goethe, Wilhelm von Humboldt, Johann Gottfried Herder, Heinrich von Kleist, Novalis und Ludwig Tieck waren bei ihm zu Gast. Friedrich Schiller wohnte von 1785–87 und 1801 immer wieder in Körners Gartenhaus, dem heutigen **Schillerhäuschen** 3, und beendete dort den »Don Carlos« und widmete Körner die Ode »An die Freude«. Im Schillerhäuschen erinnern persönliche Gegenstände, Autografen und Gemälde an sein Dresdner Schaffen.

Ü ÜBRIGENS

Im Bräustübel 1 am Körnerplatz gibts unten Bier und oben Kultur: Mi–So, immer 19 Uhr, ist Märchen- und Geschichtenzeit. Körnerplatz 3, www.braeustuebel.de, Mi–Fr 16–22 Uhr, Sa, So 15–22 Uhr)

Romantiker-Reminiszensen

Der Spätromantiker Ludwig Richter (1803–84), dessen »Brautzug im Frühling« oder »Überfahrt am Schloss Schreckenstein« im Albertinum hängen,

INFOS/ÖFFNUNGSZEITEN

Schillerhäuschen 3: Schillerstr. 19, www.museen-dresden.de, April–Sept. Sa/So 10–17 Uhr, Eintritt frei
Leonhardi-Museum 4: Grundstr. 26, www.leonhardi-museum.de, Di–Fr 14–18, Sa/So 10–18 Uhr, 4 €, erm. 2,50 €
Das **Josef-Hegenbarth-Archiv** 10 im ehemaligen Wohnhaus des Malers (1884–1962) gibt mit seiner originalen Einrichtung Einblicke in das Leben am Elbhang (Calberlastr. 2, T 0351 49 14 32 11, www.skd.museum, So 15–18 Uhr, Do nach Vereinbarung, 3/2 €).

SPEZIALITÄTEN SATT

Im **Weincafé Clara** 1 lassen sich die Loschwitzer Charaktere studieren (Friedrich-Wieck-Str. 20, www.clara-genuss.de, T 0351 26 66 67 04, Mi–Sa ab 18 Uhr. Im Ladencafé **Kleinert's Spezialitäten** 2 gibt es ausgesuchte Käse, Marmeladen oder leichte Mahlzeiten (Friedrich Wieck-Str. 45b, www.kleinerts-speziali taeten.de, Di–Sa 10–22, So 10–21 Uhr, €€). Unter Regie von Sternekoch Stefan Herrmann (Atelier Sanssouci) schmecken Rostbratwürste, Glühwein oder Bowle auf dem **Konzertplatz Weißer Hirsch** 3 handgemachter als üblich (hinterm Parkhotel/Ende Stechgrundstr., www.kon zertplatz-weisser-hirsch.de, Ostern–Okt. und Nov.–Feb. Mi–Fr ab 15, Sa ab 12, So 10–21 Uhr).

Cityplan: J/K 3/4 | **Tram:** 11: Plattleite

mietete sich ab 1851 jeden Sommer in Loschwitz ein – 30 Jahre lang. Als Professor an der Dresdner Kunstakademie brachte er seine Schüler mit. Andere machten es ihm nach: Eduard Leonhardi, begüterter Spross eines ortsansässigen Tintenherstellers, kaufte 1879 eine alte Mühle und ließ sie zum Atelierhaus für wenig bemittelte Künstler umbauen. Als **Leonhardi-Museum** 4 zeigt es heute neben wechselnden zeitgenössischen Positionen auch die romantischen Landschaftsbilder Leonhardis.

Dresdens ›Salon der Abgelehnten‹

Zu großer Form lief das Leonhardi-Museum in der DDR auf: Seit den 1960er-Jahren betrieben Künstler das Haus, nutzten Atelierräume und organisierten 1982 die legendäre Ausstellung »Frühstück im Freien« mit Christian Borchardt, Willi Wolf und vielen anderen, deren Kunst off46iziell ignoriert wurde. Der Titel bezieht sich auf Monets Gemälde von 1863, das er nur im Pariser »Salon der Abgelehnten« ausstellen durfte. Einige dieser ›Abgelehnten‹, wie Günther Hornig und Klaus Dennhardt, wohnten im **Künstlerhaus** 5 auf der Pillnitzer Landstr. 57, einem Wohn- und Atelierhaus von 1898. Auch der **Loschwitzer Friedhof** 6 gegenüber zeugt von der Künstlerdichte des Viertels: Dort sind die Grabsteine von Hans Theo Richter, Wilhelm Lachnit, Hans Jüchser, Oskar Zwintscher, Hermann Glöckner und vielen anderen zu finden.

Oben ging es mondän zu

Hinauf zum Viertel Weißer Hirsch geht es mit der **Standseilbahn** von 1895, die vom Körnerplatz zum Louisenhof fährt. Die 100 m Höhenunterschied lassen sich auch zu Fuß auf der steilen Plattleite zurücklegen – ein anstrengender, aber idyllischer Spaziergang. Das Viertel entstand Ende des 19. Jh. als Villen- und Sommerfrischen-Kolonie rund um ein Kurbad. Dr. Heinrich Lahmann wandelte es 1888 in ein **Sanatorium** 8 mit Naturheilverfahren um, das vorzugsweise Patienten aus Adel und High Society anzog. Inzwischen sind aus den Sanatorien Luxuswohnungen geworden. Eine große Vergangenheit hat auch das **Parkhotel** 9 von 1914: In den 1920er-Jahren traten dort Heinz Rühmann und Zarah Leander auf, heute ist vor allem der Hutball im April ein beliebter Pflichttermin der Dresdner.

S
SCHILLER

Auch der Ausruf »Potz! Der Blitz! Ist das nicht die Gustel von Blasewitz?« in »Wallensteins Lager« zeugt von Schillers Dresden-Aufenthalt: Justine (Gustel) Segedin war die Wirtstochter im heutigen Schillergarten im Stadtteil Blasewitz auf der anderen Elbeseite (Schillerplatz 9, www.schillergarten.de).

Ü
ÜBRIGENS

Eines der schönsten Stadtfeste verdankt seinen Ursprung der **Loschwitzer Kirche** 7. 1945 brannte sie aus. Aus einer Spendenaktion 1990 entwickelte sich das **Elbhangfest,** das am letzten Juniwochenende gefeiert wird. www.elbhangfest.de.

► LESESTOFF

Wie sich das Leben in dem mondänen Viertel Weißer Hirsch mit der Mangelwirtschaft zu DDR-Zeiten vertrug, porträtiert Uwe Tellkamp in seinem Roman **Der Turm. Geschichte aus einem versunkenen Land** aus dem Jahr 2008.

13

Besenwirtschaften und Himmelsleitern – **auf der Sächsischen Weinstraße**

Die ganze Kraft der Sonne bekommen die steilen Elbhänge zu spüren – das prädestiniert sie für eine landwirtschaftliche Kuriosität: Zwischen Pillnitz und Meißen liegt die nordöstlichste und kleinste Weinbauregion Europas. Und die Sächsische Weinstraße nimmt Sie mit auf die schönsten Abschnitte des sächsischen Elbtals – südländisches Lebensgefühl inklusive!

Auch im Winter machen die Weinstöcke eine gute ›Figur‹. Das benachbarte Weinstädtchen Radebeul hat besonderen Grund, stolz zu sein: Es beherbergt den Methusalem unter den sächsischen Weinen, einen rund 250 Jahre alten Traminer-Rebstock.

Die Elbe immer fest im Blick, reicht die Sächsische Weinstraße 60 km von Pirna bis Diesbar-Seußlitz. So weit nordöstlich sind die Winter kalt, Nachtfröste häufig, Niederschläge vergleichsweise gering. Doch die steilen Hänge im Elbtal liegen geschützt und geben nachts die Wärme ab, die im Granitboden gespeichert ist.

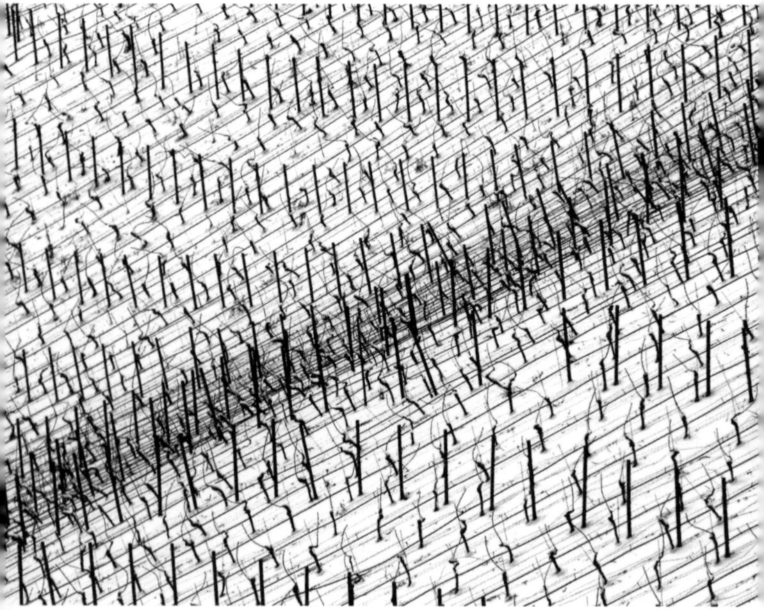

Die Winzer wollen's wissen

Zisterzienser führten bereits im 12. Jh. den Weinanbau ein. Zur Glanzzeit im 17. Jh. bewirtschafteten die Winzer 6000 ha, heute sind es noch 475 ha. Später machten Tee, Kaffee und Bier dem Wein Konkurrenz, dazu vernichteten Rebläuse ab 1850 fast alle Weinstöcke. Gleichzeitig war in der Industrialisierung Bauland gefragter denn je.

Auch in Loschwitz und Wachwitz stehen längst mehr Villen als Winzerhäuschen – ein paar Weinberge aber haben überlebt. Auf ihnen gedeihen Sorten wie der Müller-Thurgau mit seiner milden, feinen Muskatnote, der blumige Riesling, der liebliche Weißburgunder, der würzig schmeckende Traminer und der leichte Kerner; dazu kommen noch Goldriesling, Grauburgunder, Scheurebe, Bacchus und der uralte Elbling.

Der Spaziergang führt auf dem Sächsischen Weinwanderweg, der seit 1992 besteht, von Loschwitz nach Wachwitz. Die beiden Elbdörfer lebten bei ihrer Entstehung im 12. bzw. 11. Jh. vom Fischfang. Später gesellte sich der Wein- und Obstanbau dazu, bis im 19. Jh. begüterte Dresdner den Erholungswert der Gegend für sich entdeckten.

Zu DDR-Zeiten spielte der Weinbau in Sachsen kaum eine Rolle. Erst zu Beginn der 1980er-Jahre begannen hiesige Winzer zaghaft mit dem Aufreben; die politische Wende 1989 schob die Entwicklung weiter an – und heute bewirtschaften rund 2500 Winzer das sächsische Anbaugebiet.

Wie der Untertan, so der König

Der Loschwitzer Veilchenweg geht vom Körnerplatz ab und führt auf den Elbhang. Fast jedes Haus hier hat eine Geschichte als Winzerhaus oder Künstlersommersitz: in der **Nr. 1** 1 nahm Ludwig Richter Quartier, in der **Nr. 6b** 2 wohnte der Maler Georg Nerlich (1882–1982). Die **Nr. 9** 3 aus dem Jahr 1661 ist das älteste Winzerhaus in Loschwitz; die Winzersäule im Garten hat ein paar Jahre weniger auf dem Buckel. Deutlich jüngeren Datums ist die **Nr. 52** 4, und doch stammt das Winzerhaus bereits aus dem 18. Jh. Auf Calberlastraße und Joseph-Hegenbarth-Weg geht es so weiter.

König Friedrich August entdeckte 1824, wo seine Untergebenen Abstand vom städtischen Trubel fanden und kaufte sich ein Grundstück am Wachwitzer Weinberg. Der letzte König von Sachsen, Friedrich August III., ließ 1893 die **Königliche Villa** 5 im Stil der Neorenaissance da-

Ü ÜBRIGENS

Hinter der Königlichen Villa beginnt der Königliche Weinberg. Die herrliche Aussicht auf das Elbtal kann an der **Himmelsleiter** indes noch gesteigert werden, indem man sie ganz hinaufgeht. Praktischerweise liegt die **KulturTerrasse Scholz** 1 direkt am Weg, eine fröhliche Freilufteinkehr, wo Konzerte, Kabarett und Lesungen zum Wein gereicht werden.

Ü
ÜBRIGENS

Dresden hat nicht nur gute Weine zu bieten: Der Dresdner Gärtnerdynastie Seidel gelang es im frühen 20. Jh. erstmals, winterharte, kältebeständige Rhododendren zu züchten. An diesen Erfolg erinnert der **Rhododendrongarten** 7 an der Königlichen Villa mit 1000 Sträuchern und 200 Sorten, der zur Blütezeit im Mai schier zu explodieren scheint …

T
TREIDLER

In Dresden hießen die Treidler **Bomätscher** – sächsisch für das tschechische ›Pomáhač‹, das Gehilfe bedeutet. In Loschwitz und den anderen Elbdörfern verdienten sich viele Männer ihren Lebensunterhalt selbst im 20. Jh. noch mit dem Ziehen von Schiffen. Auf dem Treidelpfad erinnert viel an sie: eingelassene Eisenringe oder ins Sandsteinpflaster eingeritzte Monogramme.

rauf errichten. Heute dient sie als Wohnhaus. Sein Sohn Friedrich Christian ließ 1936 das oberhalb der Villa gelegene **Schloss Wachwitz** 6 von Architekt Max Hans Kühn mit Bezügen auf den Dresdner Barock bauen.

Dem Himmel so nah!

Zu Füßen der **Himmelsleiter,** die nicht in himmlische Gefilde, sondern zu den Weinbergen der Winzergenossenschaft hinaufführt, geht es Am Steinberg wieder hinab zum Dorfkern von Wachwitz.

Die malerische Straße säumen Villen und Winzerhäuser hinter alten Bruchsteinmauern. In der **Nr. 3** 8 hat der Shakespeare-Übersetzer Wolf Graf Baudissin (1789–1879) gewohnt, **Nr. 8** 9, **Nr. 9** 10 und **Nr. 15** 11 sind alte Weinbergshäuser. **Villa Nr. 13** 12 ließ sich der Maler Woldemar Hottenroth von Wilhelm Kreis bauen, Professor für Raumkunst an der Kunstgewerbeschule in Dresden. Prunkvoll erhebt sich schließlich die **Wollner-Villa** 13 (Nr. 10), Ende des 19. Jh. ebenfalls von Kreis für den Zigarettenhersteller Robert Wollner erbaut.

Wo die starken Männer wirkten

Von Wachwitz geht es mit dem Bus 63 zurück zum Körnerplatz. Oder zu Fuß auf dem **Loschwitzer Wiesenweg** am Elbufer entlang. Der alte Treidlerweg stammt aus der Zeit, als die Schiffe noch per Manneskraft flussaufwärts gezogen wurden – heute kaum mehr vorstellbar.

UM DIE ECKE

Zehn Minuten zu Fuß elbaufwärts liegt die **Erbgerichtsklause** 4 in Niederpoyritz an der Fähre – im Sommer mit gemütlichem Bier- und im Winter lauschigem Wintergarten (T 0351 263 11 50, Pillnitzer Landstr. 170).

Von Wachwitz führt ein schöner Wanderweg (Kennzeichnung: Schwarze Traube) in den **Wachwitzgrund,** der nahe am Fernsehturm vorbeiführt. Kopfsteinpflaster, Fachwerkhäuser und blumenbunte Gärten säumen den Weg, oben belohnt ein herrlicher Blick auf die Elbe die Mühen des Aufstiegs. (Rückweg über die Waldmüllerstr. und den Oberwachwitzer Weg; Dauer: ca. 1 Std.).

INFO

Sächsische Weinstraße: Karten, topografische Infos und Tipps unter www.weinwandern-sachsen.de

WEIN TRINKEN ...

KulturTerrasse Scholz ❶: Im Königlichen Weinberg Wachwitz, www.kulturterrasse-scholz.de, T 0160 612 45 82, April–Okt., So 12–18 Uhr je nach Wetterlage geöffnet

In ihrer Besenwirtschaft **Freytags Weingarten** ❷ schenkt das Winzerpaar Weine vom Königlichen Weinberg aus – und ab Anfang September köstlichen Federweißer. Ihr Fachwerkhaus mit lauschiger Gartenterrasse, bis Anfang der 1950er-Jahre von einer Fischersfamilie bewohnt, gehört zum alten Wachwitzer Dorfkern (Altwachwitz 4, T 0351 268 44 96, freytags-weingarten.de, Mai, Mitte Juli–Okt. Do–So ab 14 Uhr).

Im **Gare de la Lune** ❸ ist oft Tanz, besonders Tango (Pillnitzer Landstr. 148, www.gare-de-la-lune.com, T 0351 802 65 01). Die benachbarte **Elbterrasse Wachwitz** ❺ bietet gute bodenständige Küche (Altwachwitz 14, Tel. 0351 26 96 10, www.elbterrasse-wachwitz, Mai–Sept tgl. 12–21.30 Uhr, Okt–April Mi–So, €.

... WEIN KAUFEN

Links und rechts der Himmelsleiter baut Winzer **Ronny Beier** 1 seinen Wachwitzer Wein an. Ein Aufsteller mit dem Hinweis »Flaschenverkauf« zu Füßen der Himmelsleiter zeigt an, ob er da ist. Dann kann man auch ein Glas probieren und ggf. eine Kleinigkeit dazu essen (Am Steinberg 3, T 0179 184 75 27).

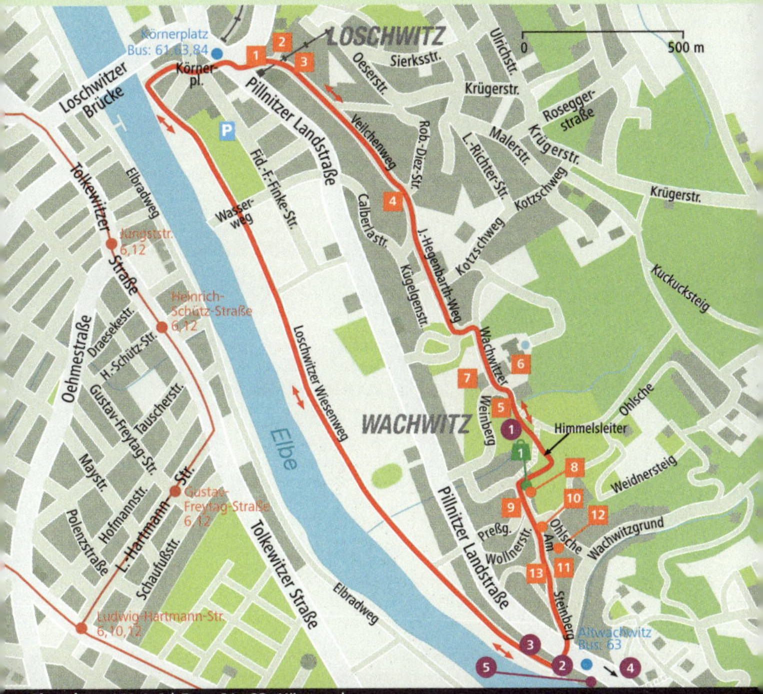

Cityplan: J/K 4-6 | **Bus** 61, 63: Körnerplatz

14

Monarchen und Mätressen – **das Schloss Pillnitz**

Einige Großartigkeiten und viele Kleinigkeiten machen Schloss Pillnitz zum Lieblingsschloss der Dresdner. Kein Wunder: Heiter-beschwingter Barock mit asiatischen Zügen, ein Park, der sich bis an die Weinberge erstreckt, noch dazu direkt an der Elbe – die Frage sei erlaubt: Wer bietet mehr?

Hier geht nichts mehr – oder was soll uns das hübsch in Gartenschläuche verpackte Fahrrad sagen? Es wirbt vielmehr für die Sonderausstellung des im Pillnitzer Schloss untergebrachten Kunstgewerbemuseums: »Der eigene Antrieb – oder wie uns das Rad bewegt«.

Alles begann mit einem verliebten Kurfürsten: Johann Georg IV., der Bruder Augusts des Starken, machte seiner Mätresse das alte Renaissance-Schloss zum Geschenk. Noch im selben Jahr, 1694, starben beide und August der Starke ›erbte‹ es. Dieser folgte des Bruders Vorbild und vermachte es seinerseits seiner Lieblingsmätresse, Gräfin Cosel. Doch nachdem sie 1717 bei ihm in Ungnade fiel, zog er das Anwesen wieder ein und hatte nun auch ein paar Ideen dafür.

Wie schon der Zwinger ist auch Schloss Pillnitz kein Resultat vorgefertigter Pläne, sondern eine Mischung großer Ideen und schmaler Kassen, eine Geschichte von Zerstörung und Neubau – mit einem erstaunlich harmonischen Ergebnis.

China-Barock

Obwohl nach der kostspieligen Vermählung des Kurprinzen 1718 kaum noch Geld da war, bekam Graf Wackerbarth 1720 den Auftrag für den Schlossumbau und als Architekten Pöppelmann und Longuelune zur Seite gestellt – die Rolle von Letzterem ist vor allem im Vergleich mit dem zeitgleich erbauten Zwinger gut erkennbar: Die Fassaden muten strenger, klassischer, statischer an – trotz der asiatisch nachempfundenen Pagodendächer.

Das gestalterische Gebot Augusts, den Fluss mit einzubeziehen, wurde mit dem Bau des **Wasserpalais** 1 umgesetzt. Die breite **Freitreppe** 2 zur Elbe sollte wie ein Amphitheater den Rahmen für anlegende Gondeln bilden. Die Bemalung der Gesims-Hohlkehlen mit chinesischen Szenerien zeugt von der großen Begeisterung für alles Asiatische, das damals an den europäischen Höfen en vogue war. Das **Bergpalais** 3 gegenüber baute Pöppelmann 1723–25 als spiegelbildliches Pendant zum Wasserpalais.

Lücken schließen

Das **Neue Palais** 4 ersetzte das alte Renaissance-Schloss, das 1818 abgebrannt war. Schon 1788 war es durch zwei Flügelbauten mit Wasser- und Bergpalais verbunden worden. Den Neubau entwarf Christian Friedrich Schuricht ganz im Sinne des Klassizismus, passte ihn aber vor allem in der Dachform dem Bestand an. Er birgt den Kuppelsaal mit einer Freitreppe zum Lustgarten. Der klassizistische Maler Carl Christian Vogel von Vogelstein schuf die Wandmalereien.

Richtung Osten umfassen zwei Seitenflügel (im nördlichen liegt die Schlosskapelle) den **Fliederhof** 5. Die klassizistische, schmucklose Architektur schafft auf dieser Seite eine viel ruhigere Stimmung als die im effektvollen Schlosshof.

Kamelie, Kastanien und Koniferen

Die älteste Parkanlage ist der **Lustgarten** 6, der nach 1722 im französischen Stil geometrisch-

▶ INFOS

Schlossgeschichte & mehr: www.schlosspillnitz.de

Dieser Musikant ist eines der Motive der Fassadenmalereien am Wasserpalais, das in der damaligen Chinoiserie-Mode erbaut wurde.

Ü ÜBRIGENS

Dresden romantisch? Nichts einfacher als das, und kostspielig muss das Wohnen am Schloss auch nicht sein. **Trompeter-** 1 und **Wächterhäuschen** 2 am Eingang des Parks bergen Ferienwohnungen für 2 bzw. für 4 Personen, falls Kind und Kegel auch dabei sein sollen (T 0351 261 32 60, www.schlosspillnitz.de, Übernachtung €€).

Cityplan: Karte 3 | **Tram** 2 bis zur Endstation, dann mit der **Fähre** über die Elbe

INFOS/ÖFFNUNGSZEITEN

Kunstgewerbemuseum: in Wasserpalais 1 und Bergpalais 3, T 0351 49 14 20 00, www.skd.museum, Mai–Okt. Di–So 10–18 Uhr, 8/6 €
Kombi-Tickets: Park, Pflanzenhäuser und Kunstgewerbemuseum 8/6 €
Schloss-Besucherzentrum Alte Wache 14: Programminfos, Kartenverkauf, Orientierungspläne, Souvenirs; T 0351 261 32 60, tgl. 10–16 Uhr
Park: April–Okt. 9–18 Uhr, 5/4 €
Kaffee & Kuchen: Die Backwirtschaft Pillnitz 1, Söbrigener Str. 1, www.baeckerei-wippler.de, Mo–Sa 6–18. So 7–18 Uhr

TYPISCHES AUS DER REGION

Der **Laden für Kunsthandwerk und Holzspielzeug** 1 am Fliederhof führt Typisches aus der Region: Lausitzer Keramik, Blaudruck-Stoffe, erzgebirgisches Holzspielzeug und nostalgische Papierwaren (T 0351 261 33 02, www.holzspielzeug-schloss-pillnitz.de, März–Okt. tgl. 10–18, Nov., Dez. tgl. 10–17, Jan. Sa/So 10–17, Feb. Mi–So 10–17 Uhr).
Im **Bootskeller** 2 ist die Verkaufsausstellung von 28 Töpfer- und Keramikhandwerkern aus Sachsen (www.toepferkunst.de, Mai–Okt. tgl. 10–17 Uhr).

AUF EIN GUTES VIERTEL!

Die **Weinbergkirche** 15, die Pöppelmann 1723–27 errichtete, liegt auf dem Weg zum **Weingut Klaus Zimmerling** 3, einem der besten Winzer des Elbtals. Rund um seine Lage Pillnitzer Königlicher Weinberg ist schon die Landschaft berauschend. Die Figuren am Portal stammen von seiner Frau Małgorzata Chodakowska (Bergweg 27, T 0351 41 39 43 94, www.weingut-zimmerling.de, Flaschenverkauf: Mi–So, Fei 11–18 Uhr).

symmetrisch mit Rasen und Rabatten gestaltet und für Feste, Vergnügungen und Spiel genutzt wurde. Die **Heckenquartiere** 7 (Charmillen) westlich vom Schlosshof, labyrinthartig eingehegte Gärtchen, ließ noch Gräfin Cosel anlegen. Gefasst wird der barocke Park von der großen **Kastanienallee** 8 in Richtung Dresden, die die Achsen der Schlossbauten aufnimmt. Die berühmte **Kamelie** 9, die 1780 in den Park gelangte, ist ein späteres Echo auf die Asienvorliebe Augusts des Starken. Inzwischen ist sie die älteste Europas.

Auch die späteren Epochen der Gartenbaukunst haben sich im Park verewigt: Die **Orangerie** 10, der Tempietto-ähnliche **Englische Pavillon** 11 und der **Chinesische Pavillon** 12 folgen den Formen des Klassizismus. Der dazugehörige Englische Garten entstand im 19. Jh.

Auch ein **Palmhaus** 13 mit Eisenkonstruktion, seinerzeit in England hochmodern, fand 1859 einen Platz. Im 20. Jh. interessierten sich die Wettiner zunehmend für naturwissenschaftliche Aspekte und legten zu botanischen Forschungen den **Koniferenhain** an.

Unterwegs auf den Spuren von August dem Starken? Im Park von Schloss Pillnitz zelebrierte der Kurfürst seine überbordenden, barocken Feste, bei denen Adlige in die Rollen von Bauern, Fischern oder Winzern schlüpften.

Über Gestaltung sprechen

Das **Kunstgewerbemuseum** in Wasser- und Bergpalais wurde 1876 zusammen mit der Dresdner Kunstgewerbeschule gegründet – beide mit dem Ziel, dem zunehmend industriell Gefertigten fundierte Handwerkstechniken entgegenzusetzen. Textilien, Keramik, Schmiede-, Tischler- und Edelmetallarbeiten waren die ersten Sammlungsgebiete. In den wechselnden Ausstellungen geht es inzwischen um Fahrrad-Design und tschechische Glasateliers; die Möbel der Deutschen Werkstätten Hellerau und die Musikinstrumentensammlung sind im Bergpalais zu sehen.

UM DIE ECKE

Es gibt natürlich jede Menge Gelegenheiten, im Pillnitzer Schloss-Ensemble einen Imbiss zu ergattern oder gepflegt zu dinieren. Aber die atemberaubendsten Tortenkreationen hat die Backwirtschaft Pillnitz 1 zu bieten!

Ob August der Starke mit seinem ›barocken Disneyland‹ zufrieden war? Er schaut ganz zufrieden, möchte man meinen.

15

Die Idee von einem besseren Leben – **die Gartenstadt Hellerau**

Karl Schmidt, Inhaber der ersten Möbelfabrik Deutschlands, ließ für seine Arbeiter in Hellerau eine eigene Stadt erbauen – keine normale Werkssiedlung, sondern eine durchdachte Gartenstadt nach englischem Vorbild. Und mit dem Festspielhaus bekamen alle Reformbewegungen des frühen 20. Jh. eine Heimat.

Heinrich Tessenow schuf 1911/12 ein mächtiges Festspielhaus in streng reduzierter Symmetrie. Nach dem Zweiten Weltkrieg avancierte der Musentempel zur Turnhalle für die Soldaten der Sowjetarmee. Einige russische Wandmalereien konnten konserviert werden und legen heute beredtes Zeugnis von dieser Zeit ab.

Mitten in Dresdens Gründerboom des späten 19. Jh. hatte der Tischlermeister Karl Schmidt eine Idee: So schnell wie die Stadt wuchs, kamen die Tischler kraft ihres Handwerks gar nicht hinterher mit der Herstellung solider Möbel. Schmidt wollte Maschinen einsetzen und baute die **Deutschen Werkstätten** 1 auf dem unbebauten Gelände des Heller-Berges.

»Der Holz-Goethe«

1905, in einer Zeit, als jeder Schrank einen Muschelaufsatz hatte und jeder Stuhl so tat, als käme er aus einem Rittersaal, spuckten seine Maschinen die Teile für unverschnörkelte Möbel aus, die noch dazu schön und von solider Qualität waren – und die prompt erste Preise auf den Weltausstellungen einheimsten und Deutschland zum Marktführer in der Möbelproduktion machten. Erst recht, nachdem in Hellerau auch die ersten Schichtholzplatten entwickelt und verwendet wurden. Doch Schmidt beließ es nicht dabei: Nach der Inneneinrichtung wollte er auch die Häuser, das ganze Leben der Menschen in eine natürlichere, lebenswertere Form gießen.

Ein Platz für neue Gedanken

Schmidts Hellerauer Möbelfabrik entwarf Richard Riemerschmid 1909. Von oben betrachtet, ergibt die Anordnung der Gebäude eine Schraubzwinge – Symbol der Tischlerzunft. Eine optimale Durchlüftung, Platz und genügend Helligkeit waren die – damals durchaus nicht üblichen – Kriterien für den Bau der Werkstätten. Äußerlich orientierte sich Riemerschmid an dem Erscheinungsbild von Gutshöfen. Heute sitzen die Werkstätten in dem **modernen Flachbau** 2 gegenüber und sind auf Innenräume spezialisiert: Sie projektierten die Innengestaltung des Kameha Grand Hotels Bonn, der Dresdner Bank am Pariser Platz in Berlin, der Ladenausstattung von Lange & Söhne in Dresden und zahllose Jachtausstattungen.

Tür! Fenster! Dach!

Die **Gartenstadt-Häuser auf der Westseite des Marktes** 3 sind eine romantisierte Version eines ebenfalls als natürlich angesehenen kleinstädtisch-dörflichen Stils mit Rundbogenfenstern, Dachgauben und Ladenpassage. Die **Reihenhäuser ›Am grünen Zipfel‹** 4 stufte Riemerschmidt durch, damit das Straßenbild nicht zu langweilig wurde. Der Architekturhistoriker und -theoretiker Hermann Muthesius, bestens vertraut mit den Reformgedanken aus England, legte bei seinen Ein- und **Mehrfamilienhäusern ›Beim Gräbchen‹** 5 Wert auf architektonische Zurückhaltung, Komfort und Ausgewogenheit. Heinrich Tessenow ging reduzierter zu Werke: Seine **Reihenhäuser ›Am**

Ü ÜBRIGENS

Zur Wende ins 20. Jh. lebten Arbeiter gewöhnlich in engen Hinterhofwohnungen. Für seine Angestellten sah Karl Schmidt ein anderes Modell vor: Inspiriert von der **Gartenstadt-Idee** des Engländers Ebenezer Howard von 1898 kaufte er 140 ha Heller-Gelände und ließ die Architekten Richard Riemerschmid, Hermann Muthesius und Heinrich Tessenow darauf Einfamilien- und Reihenhäuser errichten. Die Gärten sollten der Selbstversorgung dienen, die Häuser statt Stuck und Blendarchitektur lieber eine sinnige Wohnraumaufteilung auf kleinem Raum aufweisen – Küche, Speisekammer und Bad im Erdgeschoss, Schlafzimmer im ersten Stock. Für das Gelände fertigte Riemerschmid den Bebauungsplan. ›Natürlich‹ war angesagt, und so folgen die Wege den topografischen Gegebenheiten.

Viel Platz für junge Talente bietet das Hellerauer Festspielhaus. Studenten des russischen Tanztheaters DEREVO erzählen ihre eigenen Geschichten im »Herzstück«.

Schänkenberg Nr. 4–26‹ 6 von 1911 konzentrieren sich auf die Grundausstattung eines Hauses: Tür, Fenster, Dach.

»Bayreuth der Beine«

Wie radikal und dabei hintersinnig Tessenows Purismus war, zeigt das **Festspielhaus Hellerau** 1, sein fast zeitgleich mit dem Finanzministerium am Neustädter Elbufer und zehn Jahre vor der Gründung des Weimarer Bauhauses entstandenes Hauptwerk. Monumental erhebt sich der Portikus auf vier Pfeilern, in strenger Geometrie sind Haupthaus und Seitenflügel angelegt. Gebaut um 1909 als ›Bildungsanstalt für Musik und Rhythmus‹ für den Schweizer Musikpädagogen Émile Jaques-Dalcroze, entwickelte sich das Haus zum Experimentierfeld für Tanz, Bühnenbild und Kunst mit internationaler Ausstrahlung. Die spätere Begründerin des modernen Tanzes, Mary Wigman, bekam hier Anregungen für den Ausdruckstanz, Europas kulturelle Elite kam geschlossen vorbei, darunter Else Lasker-Schüler, Franz Kafka, Franz Werfel, Oskar Kokoschka, Upton Sinclair, George Bernard Shaw. Der Erste Weltkrieg beendete alle Reformideen. Jaques-Dalcroze musste das Land verlassen, eine Polizeischule zog ins Festspielhaus, später ein Lazarett der Roten Armee.

Im Torhaus der Hellerauer Werkstätten serviert das Schmidt's gehobene Speisen, im Sommer auch im Innenhof unter alten Kastanienbäumen.

Rastlos Wirbelnde

Das Haus ist offen für moderne Strömungen in der Kunst, vor allem für Musik und Tanz. Choreograf Jacopo Godani leitet die Dresden Frankfurt Dance Company mit Residence in Hellerau.

Die Ergebnisse der tänzerischen Experimente stehen im Festspielhaus als Uraufführungen auf dem Spielplan. Über das Jahr verteilt ermöglichen zudem diverse Festivals eine Vertiefung in verschiedene kulturelle Strömungen, von zeitgenössischer Musik bis computergestützter Kunst.

▶ INFOS

Mehr über den Interkulturellen Garten Hellerau unter: www.hellerau.org

INFOS/ÖFFNUNGSZEITEN

Deutsche Werkstätten Hellerau: Moritzburger Weg 68, T 0351 21 59 00, www.dwh.de, Mo–Fr 9–17 Uhr

Hellerau – Europäisches Zentrum der Künste im Festspielhaus Hellerau (1): Karl-Liebknecht-Str. 56, T 0351 26 46 46, www.hellerau.org

Dresden Frankfurt Dance Company: www.dresdenfrankfurtdancecompany.com

KEIN KANTINENFUTTER

Schmidt's (1): Bei Hellerauer Möbeln und Interieurs spielen die Eigenschaften des Materials die Hauptrolle. Bei Schmidt's gilt dasselbe für die Zutaten. Moritzburger Weg 67, T 0351 804 48 83, www.schmidts-dresden.de, Di–Sa 17–22 Uhr, €€€

Das **Gasthaus Hellerau** (2) am Markt wurde von Till Riemerschmidt erdacht und punktet mit solider, bodenständiger Küche (Markt 15, T 0351 883 44 70, www.gasthaus-cafe-hellerau.de, Mi–Fr 16–22, Sa 14–22, So 12–21 Uhr).

GÄRTNERN UND GUT ESSEN

Auf dem Festspielhaus-Gelände liegt der Kulturgarten, gegründet, um Anwohner und Flüchtlinge beim gemeinsamen Gärtnern miteinander ins Gespräch zu bringen. Mittags und abends wird außerdem in der **Lago Bar** (1) im Festspielhaus gekocht (Di–Fr 12–14 Uhr, Do–Sa ab 17.30 Uhr, €€).

Cityplan: Karte 4 | Tram 8: Festspielhaus Hellerau

EINTRITTSKARTEN *in eine andere Welt ...*

Neben den Kunstsammlungen (► S. 30) gibt es in Dresden Museen zu den ungewöhnlichsten Gebieten, hier meine persönlichen Favoriten:

UND JETZT ENTSCHEIDEN SIE!

Militärhistorisches Museum der Bundeswehr
Mo 10–21, Di–So 10–18 Uhr
5/3 €

Krieg ist viel mehr als bewaffnete Soldaten in Uniform. Ursachen und Folgen geht dieses Museum mit seinem auffälligen Libeskind-Umbau kein bisschen kriegsverherrlichend nach.

JA NEIN

E 2, mhm-dresden.de

Technische Sammlungen
Di–Fr 9–17, Sa/So, Fei 10–18 Uhr
5/4 €

Historische Rechenmaschinen und Silizium-Wafer, Plattenkameras und Ultraschallsensorik: Nostalgie trifft Zukunft. Und im Erlebnisland Mathe und Physik begreift der Nachwuchs im wahrsten Sinne des Wortes Formel-Phänomene.

JA NEIN

H 6, www.tsd.de

ALTANAGalerie
Mo–Fr 10–18 Uhr
Eintritt frei

In der Universitätssammlung der TU Dresden, präsentiert im Lichthof des Elektrotechnischen Instituts, gehen technische Objekte und zeitgenössische Kunstwerke bemerkenswerte Liaisons ein.

JA NEIN

C 7, www.tu-dresden.de/kustodie

Schulmuseum
Do 14–18 Uhr
4/3 €, Kinder 2 €

Kaiserzeit, Reformschule, NS- oder DDR-Zeit: Voll ausgestatte Klassenzimmer führen mit kenntnisreichen Erklärungen in die Schulsysteme dieser Epochen ein. Die Präsenzbibliothek zählt 8000 Schulbücher.

JA NEIN

C 4, www.schulmuseum-dresden.de

Schatzkammer
Mo–Fr 10–18 Uhr, Sa 14–18 Uhr (startet mit Führung), Eintritt frei

Der ausgestellte Maya-Codex aus dem 13. Jh., die älteste erhaltene Maya-Handschrift der Welt, sagte für 2012 ein neues Zeitalter voraus. Mindestens so ehrfurchterregend: Der moderne Bibliotheksbau ringsum.

○ JA ○ NEIN

D 7, www.slub-dresden.de

Panometer
Di–Fr 10–17, Sa/So, Fei 10–18 Uhr
13/11 €, Kinder 6 €

In einem Gasometer von 1880 lässt der in Sachsen aufgewachsene Künstler Yadegar Asisi auf einem Panoramagemälde das Dresden des Jahres 1756 wieder auferstehen (im Wechsel mit »Dresden 1945«) – täuschend echt.

○ JA ○ NEIN

G 7, www.panometer-dresden.de

Festung Xperience
tgl. 10–18 Uhr
12/10 €, bis 16 Jahre 4,50 €

Kurfürst Moritz ließ Dresden im 16. Jh. zur Festung ausbauen. Rund 500 Jahre später macht eine Multimediashow in den alten Gemäuern der Brühlschen Terrasse die alten Geschichten lebendig.

○ JA ○ NEIN

Karte 2, D4, www.festung-xperience.de

Karl May Museum
Di–So 10–18 Uhr
10/8 €, Kinder 5 €

Im nahen Radebeul schrieb der Schriftsteller Winnetous Abenteuer nieder. Seine Arbeitsräume sind erhalten. Gezeigt werden auch Kultgegenstände nordamerikanischer Indianer vom 18. bis zum frühen 20. Jh.

○ JA ○ NEIN

Karte 5, B1, www.karl-may-museum.de

Lügenmuseum
Sa/So, Fei, Ferien 13–18 Uhr
7/5 €, bis 12 Jahre 3 €

Etwa eine halbe Radfahr-Stunde auf dem Elberadweg in Richtung Radebeul liegt der Gasthof Serkowitz, in dem Seemannsgarn alle Räume durchblinkert.

○ JA ○ NEIN

Karte 5, B 1, www.luegenmuseum.de

Dresdens Museen sind Hochkaräter ...

... das ist ja schon einige Male angesprochen worden. Gespeist aus Sammlungen mit langen Ankaufsgeschichten, die teilweise bis ins 13. Jh. reichen. Zusammengestellt von den sächsischen Kurfürsten, die bis ins späte 18. Jh. hinein einen beträchtlichen Teil der gut gebutterten Staatsfinanzen in Kunst & Co. anlegten. Hinzu kommt, dass Gemälde, Preziosen, Skulpturen, Porzellane, Waffen und technische Instrumente in frischen, spannenden Museumskonzeptionen untergebracht sind. Der Freistaat Sachsen machte die **Kunstsammlungen** (► S. 30) nach 1989 quasi zur Chefsache und polierte seine Schätze in den vergangenen 20 Jahren gründlich auf. Ganz unabhängig von dieser ›Staatskunst‹ hat sich das **Deutsche Hygiene-Museum** (► S. 54) entwickelt, aus der Idee des Odol-Fabrikanten August Lingner heraus, die breiten Volksmassen der frisch entstandenen Großstädte des frühen 20. Jh. mit einem gesunden, hygienischen Lebenswandel vertraut zu machen. Mit den vielen Fassetten des menschlichen Lebens befasst sich das Museum immer noch – und setzt mit originellen Ideen und gut durchdachten Konzepten relevante Themen in Szene.
In diesem Spannungsfeld großartiger Objekte einerseits und museumspädagogischer Vorreiter andererseits haben die anderen Dresdner Museen nachgezogen – ihr Besuch ist spannend, überraschend und kurzweilig. Und für eine kleine Pause zwischendurch findet sich immer eine freie Bank.

TIPPS FÜR DEN MUSEUMSBESUCH IN DRESDEN

Die **Dresden Museums Card** ist ein Angebot der Dresden Information und gewährt freien Einlass zu allen Museen der Kunstsammlungen außer Historischem Grünen Gewölbe und Kunstgewerbemuseum und verschafft zahlreiche Rabatte (2 Tage/25 €, Infos/Online-Buchung: www.museumscard.info, T 0351 50 15 01).
Freitags gewähren alle Städtischen Museen und Galerien ab 12 Uhr **freien Eintritt** (www.museen-dresden.de).

Ein kritischer Blick hinter die Kulissen der Ausstellung »Abenteuer Mensch« im Deutschen Hygiene-Museum.

Dresden hat Landschaft!

Es ist kein Zufall, dass die Romantiker um Casper David Friedrich in Dresden zu großer Form aufliefen. Zu der kunstaffinen Stadt gehört schließlich auch eine malerische Landschaft. Östlich säumen die dramatischen Felstürme der Sächsischen Schweiz die Elbufer, westlich zieht sich das liebliche Spaargebirge bis Meißen. Hier ein paar Landpartie-Vorschläge mit größtem Idylle-Faktor.

Elbaufwärts

Sächsische Schweiz Karte 5, D 2

Eigentlich sind die irren Felsformationen der Sächsischen Schweiz ein Meeresgrund: Zur Kreidezeit stand das Gebiet unter Wasser. Über Jahrmillionen lagerten sich Muschelschalen und der eingespülte Sand bis zu 600 m hoch ab und wurden vom Wasserdruck verdichtet. Später formte die Elbe zusammen mit der Eiszeit den weichen Sandstein, der bis zum heutigen Tag immer weiter verwittert.

Tourist-Info Pirna: T 03501 55 64 46, Touristinfo Sächsische Schweiz: T 03501 47 01 47, www.saechsische-schweiz.de

Die Highlights

Der Malerweg Karte 5, C 2

Die Bastei, der Brand, das Prebischtor, die Festung Königstein: Was in der Sächsischen Schweiz Rang und Namen hat, ist auf dem 115 km langen Malerweg zusammengefasst. Seit 1766 zogen die Maler Anton Graff und Adrian Zingg von Dresden elbaufwärts. Die beiden Schweizer lehrten an der Dresdner Kunstakademie und zeigten dort Skizzen der atemberaubenden Felsformationen, die sie entdeckt hatten. »Wie eine Sächsische Schweiz«, sollen sie gesagt haben und gaben der Landschaft damit einen Namen. Die Maler der Romantik, allen voran Caspar David Friedrich (1774–1840) sahen in den bizarren Felsen und den tiefen Schluchten eine landschaftliche Entsprechung ihrer Gefühlswelt. Die schönsten Stationen ihrer Wege zwischen Bastei und Festung Königstein sind heute auf dem 115 km langen Malerweg in acht Tagesetappen zusammengefasst. Der erste beginnt im Liebethaler Grund bei Pirna-Liebethal und führt durch den Uttenwalder Grund bis zur Stadt Wehlen.

Genaue Etappenführung: www.malerweg.de, Zeichen: Rotes »M« auf weißem Grund

›Wiesenliegen‹

Altkötzschenbroda Karte 5, A 1

Voller netter Einkehrgelegenheiten ist der Anger von Radebeuls Stadtteil Altkötzschenbroda. Ideal mit anschließenden Wiesenliegen auf der Fallobstwiese gen Elbe!

www.altkoetzschenbroda.de

Ü ÜBRIGENS

Nicht nur Maler entdeckten die Romantik und die Dramatik der Felsen. Auf der zweiten Etappe des Malerwegs liegt auf dem Weg ins Polenztal die »furchtbare« Wolfsschlucht am Hockstein. Sie diente Friedrich Kind als Vorbild für den **Freischütz.** Carl Maria von Weber machte daraus seine Oper – die zur Wiedereröffnung der Semperoper aufgeführt wurde. Schaurig-schön wird's, wenn in der zweiten Szene des ersten Aktes die Kugeln gegossen werden: »Sechse treffen, aber die siebente gehört dem Bösen!«

Mutet wie ein abstraktes Gemälde an: Wald in der Sächsischen Schweiz.

Im Zeichen des Weines

Wanderung zum Weinmuseum
🕮 Karte 5, B 1
Das kleine Städtchen Radebeul vor den Toren Dresdens im Westen besteht aus einem Verbund von zehn Dörfchen und steht ganz im Zeichen des Weines. Der Weinwanderweg führt auf halber Höhe die Lößnitzhänge entlang und bietet eine grandiose Sicht auf das Elbtal. Von der Meißner Landstraße führt der Augustusweg auf die Hoflößnitzstraße bis zum Weinbaumuseum Hoflössnitz, das im kurfürstlichen Lusthaus von 1650 untergebracht ist. Es gibt einen Überblick zur Geschichte des Sächsischen Weinbaus. In der Weinstube lassen sich die hauseigenen, ökologisch angebauten Weine verkosten bzw. kaufen. Davor öffnet sich ein Panoramablick auf die terrassierten Weinhänge. Die eingestreuten Jahrhundertwende-Villen darin haben Radebeul zum bevorzugten Wohnort begüterter Zeitgenossen gemacht.

www.weinwandern-sachsen.de, Zeichen: rote Traube auf weißem Grund; Weinbaumuseum Hoflößnitz: T 0351 839 83 33, www.hofloessnitz.de, Di–So 10–18 Uhr, 3,50 €

Ü ÜBRIGENS

Boofen heißen die Übernachtungsstellen im Freien, oft unter Felsvorsprüngen. Als die Natur-Romantiker die Sächsische Schweiz im 19. Jh. entdeckten, hatten sie keine andere Übernachtungsmöglichkeit – heute sind sie ein Trend. Doch wild zu boofen ist im Nationalparkgebiet verboten, weil verheerende Waldbrände zugenommen haben. Einen tollen Ersatz bietet der Forststeig Elbsandstein, den der Sachsenforst mit Trekkinghütten und Biwakgelegenheiten ausgestattet hat: www.forststeig.sachsen.de.

Schöner wohnen

Schloss Wackerbarth 🕮 Karte 5, B 1
Auch Graf Christoph August von Wackerbarth, Kabinettminister von August dem Starken, gefiel es hier und er ließ sich 1729 ein zweigeschossiges Schlösschen als Altersruhesitz in die Niederlößnitz bauen, ergänzt um eine barocke Parkanlage mit Belvedere. Heute ist es der Sitz des Sächsischen Staatsweingutes Schloss Wackerbarth und lässt sich per Führung,

Weinprobe oder Restaurantbesuch entdecken. Dorthin sind es ca. 4,5 km entlang der Winzerstraße oder 5 km auf der Oberen Bergstraße (Ausblick schöner).
www.schloss-wackerbarth.de

Schloss ohne Bewohner

Meißen 🕮 Karte 5, A 1
Ohne Meißen gäbe es kein Dresden: Im Jahr 929 ließ Heinrich I. auf der Felsnase eine Burg anlegen – das Kurfürstentum Sachsen hat seine Wiege in Meißen. Davon zeugen der Dom, gebaut als gotische Hallenkirche von 1240 bis 1297, und die Albrechtsburg auf dem Burgberg. Arnold von Westfalen baute sie 1470–82 mit den Attributen eines repräsentativen Schlosses für den Kurfürsten Ernst und seinen Bruder Herzog Albrecht. Die zogen allerdings niemals ein, sondern auseinander: Ernst nach Wittenberg, Albrecht nach Dresden. Diesem Umstand verdankt die Kunstgeschichte einen lupenreinen spätgotischen Bau ohne spätere Umbauten. August der Starke ließ 1710 seine Porzellanmanufaktur in die ungenutzten Räume einziehen. Das Thema Porzellanherstellung ist auch Thema der insgesamt sehr spannenden Dauerausstellung zur Geschichte der Burg. Der Obere Promenadenweg liefert einen hervorragenden Blick auf die engen Gassen des mittelalterlich anmutenden Städtchens, die Elbe und das Spaargebirge mit seinen Weinhängen. Die Romantiker um Caspar David Friedrich liebten diese mittelalterlichen Ansichten – sie haben in den 1830er-Jahren Stadtlandschaft und Umgebung in zahlreichen Zeichnungen und Gemälden verewigt, die heute im Kupferstich-Kabinett oder bei den Neuen Meistern in Dresden zu sehen sind.
Dom: www.dom-zu-meissen.de, Mai–Okt. 9–18, Nov.–April 10–16 Uhr, Führungen stdl.; Albrechtsburg: www.albrechtsburg-meissen.de, März–Okt. tgl. 10–18, Nov.–Feb. tgl. 10–17 Uhr, 12/10 €

Echtes Meissner!

Staatliche Porzellan-Manufaktur Meißen 🕮 Karte 5, A 1
1863 zog die Manufaktur aus der Burg in ein neues, praktischeres Gebäude im nahen Triebischtal um: die heutige Staatliche Porzellan-Manufaktur Meißen. Dort geben die Schauwerkstätte, die Schauhalle mit Museum, die Verkaufspräsentation und ein Outlet einen umfassenden Einblick in die aktuelle Produktion von Europas ältester Porzellanmanufaktur. Die **artCampus Gallery** zeigt Werke von zeitgenössischen Künstlern, die sich als Gäste der Manufaktur intensiv mit dem Material und Farben auseinandersetzen. Dazu zählen etwa Chris Antemann oder Cornelia Schleime.
Staatliche Porzellan-Manufaktur: T 03521 46 87 00, www.erlebniswelt-meissen.com, Jan., Feb. tgl. 9–-16, März–Dez. tgl. 9–17 Uhr, 12/10 €

Ü ÜBRIGENS

Zwischen Shakespeare und Stelzenakrobatik – die Stücke, die Theater- und Gauklerensembles aus ganz Europa beim Wein- und Wandertheaterfest zeigen, sind vielfältig und lohnen die Anreise unbedingt (am 3. Sept.–Wochenende rund um den Anger von Altkötzschenbroda, www.weinfest-radebeul.de).

Schneefegen muss sein – auch ›bei Kurfürstens‹ am Schloss Wackerbarth in Radebeul.

Pause. Einfach mal abschalten

Mit dem Entspannen und Pausieren tut sich Dresden sehr leicht: Fast jede Uferstelle der Elbe eignet sich, um die Seele baumeln zu lassen. Und wenn die Elbe mal nicht in der Nähe ist, empfehlen sich diese Rastplätze:

Füße hochlegen

Albertinum Karte 2, D 4

Die Empfangshalle des Albertinums birgt auch Café und Bookshop und einen ersten Blick auf die zeitgenössische Kunst. Hier können Sie entspannt lesen, in Reiseführern blättern oder die Füße auf den knallroten Sesseln ausruhen.

Tzschirnerplatz 2, Di–So 10–18 Uhr

Himmlische Ruhe

Hofkirche D 4

Hofkirche & Ss. Trinitatis

Nur 4,6 % der Dresdner Bevölkerung sind katholisch – die Hofkirche bzw. Kathedrale Ss. Trinitatis ist also selten überlaufen.

Schloßstraße 24

Spa as Spa can!

Living Well Health Club

Karte 2, D 4

Die Tageskarten für den Living Well Health Club im Hotel Hilton vis-a-vis der Frauenkirche kostet 30 €. Nutzen lässt sich der Fitness- und Wellnessbereich mit Schwimmbecken, Außen-Whirlpool (mit Aussicht!) und vier Saunen.

An der Frauenkirche 5, T 0351 864 21 60, tgl. 8.30–19 Uhr

Die kleine Schwester ...

Bürgerwiese D 6

Sehr einsam und dabei in unmittelbarer Nähe des Zentrums liegt die Parkanlage Bürgerwiese. Der benachbarte Große Garten stiehlt ihr einfach die Show. Wer ebenfalls ungestört bleiben will, kann hier ein paar Entdeckungen machen.

Südöstl. der Altstadt gelegen

Zeit zum Abschalten

Botanischer Garten E 5

Auch der Botanische Garten führt eher ein unscheinbares Leben am Rand des Großen Gartens. Abschalten zwischen

Zum Lümmeln freigegeben: Kinderfest in der Neustadt.

blühenden Wiesen und Beeten fällt hier besonders leicht.

Stübelallee 2, tgl. April–Sept. 8–18, März, Okt. 10–17, Feb., Nov 10–16, Jan./Dez 10–15.30 Uhr

Eine kleine Auszeit

Japanisches Palais Karte 2, D 3/4

Die Wiesenwege rund um das Japanische Palais sind perfekt zum Boulespielen, die Wiesen selbst zum ›Wieseliegen‹. Die Gärten des Hotels Westin Bellevue daneben auch!

Palaisplatz

Miniatur-Landoase

Streuobstwiese C 4

Kaum 600 Meter westlich vom Zwinger, hinter der Schankwirtschaft »Zum Schießhaus«, ist plötzlich Land in Sicht: knorrige Apfelbäume, meterhohes Gras, verrottende Holzstapel, Wildrosen – nein, kein vergessener Bauerngarten, sondern ein Projekt der Grünen Liga.

Schützengasse/Ecke Am Schießhaus, www.grueneliga-dresden.de

Wilder Wald

Dresdner Heide F-K 1–3

Die Dresdner Heide ist der Stadtwald Dresdens, und was für einer! In den über 6000 ha verlaufen sich auch Einheimische regelmäßig. Immer entlang der Prießnitz, dann kann man sich kaum verlaufen: Kamenzer Straße nördlich bis ›An der Prießnitz‹ folgen, nach ca. 200 m beginnt der Wald.

Wiese hinterm Haus für Neustädter

Alaunplatz Karte 2, E 2

Trockene Plusgrade führen sofort zu einem überfüllten Alaunplatz, der in Wirklichkeit ein Park ist. Dafür hat das Bänkesitzen einen hohen Unterhaltungsfaktor – an Markttagen auch in kulinarischer Hinsicht mit frisch zubereiteten Tortillas.

Markt Do 9–17, Sa 8–13 Uhr

Elb-Erholung

An der Fähre F 3

Auf beiden Anlegeseiten der Fähre Johannstadt-Neustadt ist das Elbufer äußerst lümmel-tauglich. Auf der Neustädter Seite sind es ca. 250 m elbabwärts bis zur verwilderten Mündung der Prießnitz – perfekt zum Beinewässern unter Bäumen! Auf der Johannstädter Seite kombiniert der Fährgarten mit Bier, Wiese und Kastanienbäumen viele Gründe zum Bleiben.

www.faehrgarten.de, wetterabhängig April–Okt. tgl. 11–22 Uhr

Ü
ÜBRIGENS

Seiner Vergangenheit als **Palais Brühl-Marcolini** verdankt das Friedrichstädter Krankenhaus seine Eleganz. Den Neptunbrunnen in der Anlage erschufen Lorenzo Mattielli und Zacharias Longuelune 1744 – mehr Barock passt wirklich nicht auf 40 m Breite! Auf den Kurbänken davor gibt es eine gute Gelegenheit, einen direkten Vergleich zum modernen Städtebau zu ziehen (Friedrichstraße 41).

Schaukasten

Café Neustadt Karte 2, E 3

Das Café Neustadt (Caneu) begrüßt seine Gäste früh mit gutem Kaffee und Tageszeitungen. Durch die großen Schaufenster lässt sich geruhsam beobachten, wie die Neustadt langsam in Fahrt kommt.

Bautzner Str. 63, T 0351 899 66 49, Mo–Fr 8–15 Uhr

Kühles Nass

Freibäder Wostra südl. K 6

Badengehen in Dresden ist nicht leicht. Wenn es nicht das Georg-Arnhold-Bad am Großen Garten sein soll, wird es gleich der Stadtrand: Gegenüber von Pillnitz liegen das naturnahe Strandbad Wostra für Nacktbader und das Freibad Wostra mit Edelstahlbecken für Textilbader.

www.dresdner-baeder.de, Mitte Mai–Mitte Sept. tgl. 10–19 Uhr

ZUM SELBST ENTDECKEN

Pauschalangebote und Arrangements ...
... lassen sich bei der Dresden Tourismus GmbH abfragen (www.dresden.de/uebernachtung, T 0351 50 15 01).

Privatunterkünfte
Über 300 Pensionen, Ferienwohnungen und Privatzimmer in Dresden und Umland kennt www.dresden-pension.de.

Mit Blick auf die Elbe
Die Nähe zur Elbe taugt als Lage-Kurzcheck: Entweder ist dann auch das Stadtzentrum nahe oder die Verkehrsanbindung dahin gut ausgebaut.

Beherbergungssteuer
www.dresden.de/beherbergungssteuer

PREISE

So viel kostet in etwa ein Doppelzimmer mit Frühstück

€ unter 60 Euro
€€ 60 bis 140 Euro
€€€ über 140 Euro

Aus dem Vollen schöpfen

In den letzten Jahren sind in Dresden ständig neue Hotels entstanden, besonders viele am Neumarkt rund um die Frauenkirche. Die große Bettenkapazität hat für Gäste den Vorteil, günstiger übernachten zu können als in anderen deutschen Großstädten, in frisch und modern eingerichteten Zimmern. In der Hochsaison von Mai bis September und rund um Weihnachten sollten Sie frühzeitig buchen.

Zentral, Nachtleben oder Grün – diese Entscheidungskriterien führen in verschiedene Stadtteile. Ein Quartier in der Altstadt oder Inneren Neustadt ist ideal für Kurzbesucher, weil sich die wichtigsten Sehenswürdigkeiten, Theater und Restaurants dort zu Fuß erreichen lassen. Szene- und Nachtleben-Neugierige fühlen sich in der Äußeren Neustadt wohl. Ruhiger, grüner und elbnah sind die Unterkünfte in den östlichen Stadtteilen Blasewitz, Loschwitz, Laubegast oder Kleinzschachwitz. Die längere Fahrt ins Zentrum lässt sich von dort prima mit einem kleinen Ausflug auf dem Elberadweg verbinden.

Die Beherbergungssteuer, die die Stadt Dresden erhebt, verwirrt viele. Auf Antrag von ihr ausgenommen sind Reisende, die aus beruflichen Gründen nach Dresden kommen. Sonst gilt sie für alle Gäste, die gegen Entgelt in einer Unterkunft übernachten, die dauerhaft mehr als 4 Übernachtungsplätze anbietet. Privatzimmer und -wohnungen, wie sie beispielsweise Airbnb vermittelt, sind in der Regel nicht betroffen. Die Steuer bemisst sich am Übernachtungspreis. Sie beträgt 1/15 des Übernachtungsentgeltes.

Zimmer mit Aussicht – hier auf die Äußere Neustadt

Zentral am Zwinger

Pension/Apartments am Zwinger
C 4

Die freundlich eingerichteten Zimmer und Wohnungen in dem ehrwürdigen Gründerzeithaus liegen in Laufweite zum historischen Zentrum, zur Elbe und zur nächsten Straßenbahn-Haltestelle. Jedes Zimmer hat eine Küchenzeile. Eine gute Frühstücks- und Mittagstischgelegenheit bietet auch das hauseigene Restaurant **Maximus.**

Maxstr. 3, T 0351 89 90 01 00, www.apartho tel-zwinger.de, Tram 6, 11: Kongresszentrum, €€

Künstlerisch wertvoll

Penck Hotel Dresden C 4

Als der Dresdner Ralf Winkler 1980 aus der DDR ausgebürgert wurde, war er auch im Westen bereits als A. R. Penck bekannt. Das Penck-Hotel setzt dem Ausnahmekünstler mit fast 700 Kunstwerken ein Denkmal – und dem schrillen Design der neunziger Jahre gleich mit. Denn das 1995 eröffnete Haus stattete nicht nur Penck, sondern auch der italienische Designer Denis Santachiara aus.

Ostra-Allee 33, T 0351 492 27 85, wwwpenck hoteldresden.de, €€

Alles unter einem Dach!

Dein Felix Karte 2, D 4

Die Suiten und Apartments vis-a-vis von Zwinger und Schloss sind modern-anheimelnd, mit futuristischem Blick auf die Altstadt. Clubatmosphäre bietet die Dachterrasse: Concièrge, Co-Workingspace, Bar und Restaurant in einem. Auch im Parterre finden sich viele Restaurants und Bars.

Kleine Brüdergasse 5, T 0761153 44 153, https://dein-felix.de/dresden, Tram 1, 2, 4: Altmarkt, €€

Himmlisch

Hofgärtnerhaus Karte 2, E4

Die Gästezimmer im Gemeindehaus der evangelisch-reformierten Gemeinde sind mit Bad und Fernseher ausgestattet, Frühstück gibt es auch, doch der größte Punkt ist die Lage: Das barocke Hofgärtnerhaus steht auf der Brühlschen Terrasse. Zentraler und dabei ruhiger geht es nicht.

Brühlscher Garten 4, T 0351 43 82 30, www.ev-ref-gem-dresden.de, Tram 3, 7: Synagoge, EZ, DZ Ferienwohnung, €

Plattenbau mit Panoramasicht

Pullmann Hotel Dresden Newa
D 5

Bis auf den Boden reichen die Fenster in diesem rundumerneuerten, aber auch schon zu DDR-Zeiten Vorzeige-Plattenbau. Hier zeigt sich, wie Moderne in den 1960er-Jahren eigentlich gemeint war: hell, klare Linien, großzügige Raumverteilung und Panoramablick auf die Prager Straße von allen Zimmern aus.

Prager Str. 2c, T 0351 481 40, www.pull man-hotel-dresden.de, Tram 3, 7, 8, 9, 11: Hauptbahnhof Nord, €€

Ein Platz zum Ankern

Schiffsherberge Pöppelmann
Karte 2, D 3

Vom Neustädter Hafen aus hat Dresden nur schöne Seiten: Elbe pur, Altstadtpanorama am Horizont und die schicke Hafenpronmenade vor der Kajütentür. Die gehört zur Schiffsherberge Pöppelmann, einem längst ausgemusterten und als Herberge generalüberholtem DDR-Luxusschiff. Die Ausstattung ist einfach, das Frühstück lecker.

Uferstraße 14, T 0351 85 67 41 95, www.schiffshostel.de, Tram 9, 11: Anton/Leipziger Straße, €€

Wo der Gast noch Gast ist

Alte Remise Karte 2, E 2

Vom kleinen, ökologisch geführten Gästehaus sind es weniger als 100 m in die trubelige Neustadt, doch die ruhige Hintenraus-Lage erlaubt trotzdem ein abgeschiedenes Frühstück im Wintergarten oder Garten. Übernachtung in stilvoll antik-neu eingerichteten Zimmern.

Königsbrücker Str. 45, T 0351 326 57 21, www.alte-remise.com, Tram 7, 8: Louisensraße, €

Alternatives Urgestein

Hostel Mondpalast Karte 2, E 3

Im Café-Frühstücksraum Bon Voyage kehren auch Einheimische auf einen

Nicht nur das hauseigene Restaurant verführt zum Bleiben, auch die Pension Raskolnikoff hat ihren Charme.

Kaffee oder zu Konzerten ein. Dresdens Nachtleben liegt ohnehin vor der Haustür. Von Ein- bis Zehnbettzimmern sind alle Größen vorhanden, außerdem eine schicke Küche zum Selberkochen.

Louisenstr. 77, T 0351 563 40 50, www.mondpalast.de, Tram 13: Görlitzer Straße, €

Mit Wohlfühlfaktor

Kunsthaus Raskolnikow
Karte 2, E 3

Das Haus von 1830 stammt aus der frühesten Bebauung der Neustadt und wurde nach der Wende von Künstlern durch Besetzung gerettet. Sieben einfach eingerichtete Zimmer und eine Ferienwohnung verbergen sich im Hinterhaus, zu erreichen über den urig-gemütlichen Innenhof des Restaurants Raskolnikoff, das sonntags einen beliebten Brunch zusammenstellt.

Böhmische Str. 35, T 0351 804 57 06, www.raskolnikoff.de, Tram 11: Pulsnitzer Straße, €

Neustadt Central Station

Rothenburger Hof Karte 2, E 3

Urgestein der Neustadt mit zeitgemäßer Rundumerneuerung. Hinter dem altväterlichen »Rothenburger Hof« verbergen sich modern möblierte, farbenfrohe Zimmer, Sonnenterrasse, Schwimmbad und Sauna. Und ein tolles Frühstück.

Rothenburger Straße 15–17, T 0351 89 51 54 44; 0172 481 10 00, www.rothenburgerhof.de, Tram 6, 11, 13: Bautzner Straße/Rothenburger Straße, €€

Nobel geht die Welt zugrunde

Hotel Bülow Palais Karte 2, D 3

Dresdens schmuckeste Adresse unter den Nobelunterkünften ist ein Abkömmling des Hotels Bülow Residenz, das sich nur wenige Schritte entfernt befindet. Obwohl ein Neubau, passt sich das Haus seiner barocken Umgebung mit einer barocken Fassade und opulenter Einrichtung an. Ein Day-Spa sorgt ebenso für körperliches Wohlbefinden wie Sven Vogel: Der Küchenchef des Restaurants **Caroussel** hält den Michelin-Stern für das Haus und lässt französische Haute Cuisine auf Meißner Porzellan servieren.

Königsstr. 14, T 0351 800 30, www.buelow-residenzen.de, Tram 4, 9: Palaisplatz, €€€

Biedermeier im Bürgerhaus

Hotel Martha Karte 2, D 3

Das Hotel in einem der klassizistischen Bürgerhäuser der Inneren Neustadt blickt auf eine 100-Jährige, christlich orientierte Tradition zurück. Die Zimmer kombinieren gekonnt biedermeierliches Mobiliar mit modern ausgestatteten Bädern.

Nieritzstr. 11, T 0351 817 60, www.hotel-martha-dresden.de, Tram 4, 9: Palaisplatz, €€

Für Leib und Seele
Bed and Breakfast am Schillerplatz
J 4
Das älteste und kleinste Haus am Schillerplatz hat mit seiner modern-rustikalen Einrichtung das Zeug zum Wohlfühlen, zumal auch noch ein freundlicher Frühstücksraum zum Haus gehört. Um die Ecke: Elberadweg, gute Restaurants und schöne Läden. Und Di, Do, Sa ist der Bauernmarkt direkt vorm Haus.
Schillerplatz 10, T 0351 31212772, www.bb-schillerplatz.de, Tram 6, 12: Schillerplatz, €

Alles so schön bunt hier!
Pension Campagnola
J 4
Als Koch sorgt Mimmo Calo für einen hervorragenden Speiseplan im Restaurant, und als Italiener hat er keine Angst vor Farben. Von den Zimmern im alten Fährgut aus dem 17 Jh., das mit dem Bau des Blauen Wunders arbeitslos wurde, haben viele einen Elbpanoramablick – und gleichen ansonsten einer sizilianischen Farbexplosion, die augenblicklich gute Laune macht.
Friedrich-Wieck-Str. 45, T 0351 314 10 23, www.la-campagnola-dresden.de, Bus 61, 63, 65, €€

Wohnen wie bei Königs
Schloss Eckberg H 3
Im märchenhaften Tudorstil thront das Schloss neben den beiden anderen Elbschlössern auf dem Elbhang – inklusive Stadtblick von der Terrasse aus, auf der im Sommer natürlich auch serviert wird. Die Zimmer sind klassisch-edel eingerichtet. Im weitläufigen Park (gut geeignet für morgendliche Joggingrunden) verbirgt sich noch ein Kavaliershaus, in dem die Übernachtungen etwas günstiger sind.
Bautzner Str. 134, T 0351 809 90, www.schloss-eckberg.de, Tram 11: Elbschlösser, €€

Kombi für Stadt- und Landurlaub
Villa Sunnyside Karte 5, C 2
Zwei geräumige Ferienwohnungen und ein Sommergartenhäuschen vermietet die Familie Meining in ihrer großen Landvilla oberhalb von Schloss Pillnitz. Ein riesiger, wilder Garten gehört auch dazu – zusammen mit der Dresdener Randlage hat man hier die ideale Kombination für einen Stadt- und Landurlaub.
Am Hausberg 3, T 0351 261 04 55, villa-sunnyside.de, €€

Rundum gut versorgt
Gasthof Altes Gewölbe
westlich A 3
Zwischen den Fallobstwiesen am Omsewitzer Grund erinnert nichts an die Großstadt. Im Obergeschoss seines artgerecht sanierten Fachwerk-Dreiseithofs hat Thomas Merbitz die fünf freundlich-hellen Gästezimmer untergebracht, während im Erdgeschoss-Gewölbe gut gekochte Hausmannskost serviert wird und Kinder im Garten einen Sandkasten und auch andere Spielgelegenheiten finden.
Altleutewitz 6, T 0351 422 27 19, www.gasthof-altes-gewölbe.de, Tram 1, 12: Leutewitz, €

Flusskilometer 19,9
Ferdinands Homestay Karte 5, D 3
Diese Backpacker-Unterkunft in der Sächsischen Schweiz möchte ich allen Wanderern (und sonstigen Menschen) empfehlen, die keine Lust auf Massentourismus haben: Das Hostel mit kleinem Campingplatz liegt 3 km zu Fuß oder mit dem Rad entfernt von der nächsten Verkehrsstraße, gesäumt von Elbufer und Fallobstwiesen.
Halbestadt 51, 01824 Königstein, T 035022 547 75, https://aktivhostel-elbsandstein.de, ab Hbf mit Pkw ca. 1 Std., €

Zum längerbleiben
City-Ferienwohnungen
Die meisten der 18 Ferienwohnungen von Daniela Pohl liegen zentral am Altmarkt, am Zwinger oder in der Nähe des Hauptbahnhofs, verfügen über einen Lift und sind wohnlich, freundlich, zweckmäßig eingerichtet – manche auch ganz mondän.
T 0351 470 20 04, www.ferienwohnungen-dresden.com, €

Süß macht glücklich

Der typischen Dresdner Küche begegnet man schon im Café. Denn Kuchen ist die große Leidenschaft der Dresdner, nicht nur der Christstollen zur Weihnachtszeit. In den Bäckereien ist die Eierschecke allgegenwärtig. Dicht gefolgt von Blechkuchen, auf denen verarbeitet wird, was der Markt gerade hergibt. Dazu passt am allerbesten ein Kaffee – die zweite große Dresdner Leidenschaft, die sich in Zahl und Qualität ortsansässiger Konditoreien mit Caféanschluss und Kaffeeröstereien manifestiert.

Die lokalen Nationalgerichte wie Sauerbraten mit Apfelrotkraut und Klößen, Kohlrouladen mit Hackfleisch, Moritzburger Karpfen und Quarkkeulchen dagegen kennen junge Dresdner höchstens noch von den Besuchen bei Oma. Sie selbst leben lieber kalorien- und nachhaltigkeitsbewusst: Vegetarische und vegane Imbisse oder Restaurants, die ihren Fleischlieferanten gut kennen, haben es im Szeneviertel Neustadt und den angrenzenden Stadtteilen, in denen die Unter-Vierzigjährigen den Ton angeben, eindeutig leichter – nur die gute, alte Kartoffelsuppe taucht auch in Hipster-Suppenküchen wieder auf. Nach Möglichkeit – wie vieles in der Stadt – aus guten regionalen Produkten gekocht.

Apropos regionale Erzeugnisse: Von Mai bis Oktober können Sie sich bei vielen Winzern durch deren ›Jahresausbeute‹ probieren – in den Besenwirtschaften, die neben den Biergärten an der Elbe feste Bestandteile der Dresdner Open-Air-Saison sind.

Curry & Co. in der Louisenstraße: Hier gibt's die Wurst auch vegan.

ZUM SELBST ENTDECKEN

Im **Stadtzentrum** ist die Auswahl an Kaffeepausen-, Ess- und Imbissgelegenheiten auf Kreuzstraße und Weißer Gasse zwischen Kreuzkirche und Rathaus am größten, in der **Inneren Neustadt** rund um die Dreikönigskirche zwischen Haupt- und Königstraße.

Im Geviert zwischen Alaun-, Louisen-, Görlitzer- und Bautzner Straße der **Äußeren Neustadt** ist mittags die Trefferquote für Suppen, Currywürste, Burger oder Couscous am größten.

Idyllisch liegen die Biergärten und Restaurants auf beiden Seiten des **Blauen Wunders** – oft mit sehr guter Küche.

PREISE

So viel kostet in etwa ein Hauptgericht

€	unter 15 Euro
€€	15 bis 28 Euro
€€€	über 28 Euro

SO BEGINNT EIN GUTER TAG IN DRESDEN

Für ein spätes Stück …

Caneu Karte 2, E 3

In dem lichten, klar möblierten Café werden ausgezeichnete Kuchen und je nach Saison wechselnde Tagesgerichte serviert. Frühstück gibt es bis 15 Uhr.

Bautzner Str. 63, T 0351 899 66 49, Tram 11: Pulsnitzer Straße, Mo–Fr 8–15 Uhr, €€

Alles Bio!

Hellers Kuchenglocke Karte 2, E 3

Vom Start weg ist das Biocafé mit Konditoreianschluss ein organischer Bestandteil der Neustadt: Martin Heller führt die Familientradition der Konditormeister bereits in der dritten Generation (auch einen Besuch wert: die **Biokonditorei Bucheckchen** der Eltern in Leubnitz-Neuostra) fort, setzt auf französischen Kaffeehaus-Charme und hat Quiche ebenso selbstverständlich im Angebot wie Pralinen und natürlich allerleckerste Törtchen.

Pulsnitzer Str. 1, T 0351 89 96 25 00, www.kuchenglocke.de, Tram 11: Pulsnitzer Straße, Di–So 8–18 Uhr

Kaffee- und Kunstkonsum

Café Oswaldz Karte 2, E 3

Inhaber Vineeth Surendranath überwacht seine gesamte Kaffeekette mit Argusaugen: Herkunft, Röstung, Zubereitung – alles ausgesucht und gut begründet. Aber abgesehen davon macht es einfach Spaß, hinter den großen Scheiben zu sitzen und Passanten zu gucken – oder zeitgenössische Kunst: Die Wände kuratiert die gestandene Galeristin Elly Brose-Eiermann.

Bautzner Str. 9, T 0351 21 86 20 38, www.oswaldz.de, Tram 6, 11: Albertplatz, tgl. 9–18 Uhr

Kaffee und Kuchen klassisch

Café Toscana J 4

Die Auswahl ist üppig, die Einrichtung auch. Das Café weist die längste durchgängige Caféhaustradition von Dresden auf. Es ist das Stammhaus der Konditorei Eisold, die die Latte für Törtchen, Tartes & Petit fours in Dresden sehr hoch gehängt hat – und das will was heißen in dieser Kuchenhauptstadt!

Schillerplatz 7, T 0351 310 07 44. Tram 6, 12 Schillerplatz, tgl. 9–18 Uhr

Immer das Richtige

Lloyd's Café & Bar Karte 2, E 3

Das Lloyd's ist ein Chamäleon: Je nach Tageszeit ändert sich Karte und Stimmung: Morgens geruhsames Frühstückslokal, Mittagstreffpunkt zahlreicher Freiberufler, nachmittags Freundinnen-Treff bei Scones und Earl Grey, dann eine gute Abendessen-Adresse, die fließend zur Cocktail-Bar wird. Die evangelische Behindertenhilfe beschäftigt hier Menschen mit Behinderungen – und das Bestellte ist schneller am Tisch als andernorts.

Martin-Luther-Str. 17, T. 0351 501 87 74, www.lloyds-cafe-bar.de, Tram 6, 11, 13 Bautzner/Rothenburger Str.; Mo–Do 8–0, Fr 8–1, Sa 9–1, So 9–19 Uhr

Dolce Vita

Kleinerts' Spezialitäten J 4

Die Caféeinrichtung ist von französischer Leichtigkeit, das Angebot an Kaffee, Kuchen, Eis und warmer Küche italienisch inspiriert, die feinen Schokoladen in den Regalen hausgemacht, die vielen Rohmilchkäse hinter der Theke unwiderstehlich – Dolce Vita pur!

Friedrich-Wieck-Str. 45b, T 0351 263 36 95, www.kleinerts-spezialitäten.de, Bus 61, 63, 84: Körnerplatz, Di–Sa 10–22, So 10–21 Uhr

Ü ÜBRIGENS

Was steht heute auf der **Speisekarte?** Für alle die, die es genau wissen wollen: **www.middagstisch.de** listet per Google-Karte den tagesaktuellen Essensplan zahlreicher Dresdner Gastronomen auf.

WO ESSEN AUF NACHHALTIGKEIT TRIFFT

Regionale Naherfahrung

Genuss Atelier F/G 3

Michelin hat dafür einen Stern vergeben: Die Geschwister Marcus und Nicole Blonkowski nutzen alles, was Saison und Region hergeben – einschließlich der Kräuter, die sie von den nahen Elbwiesen zupfen. Die klassischen Gerichte wie Schweinsrücken mit Kartoffeln und Blumenkohl, die damit gewürzt werden, sind sehr viel aufregender als gewohnt.

Bautzner Str. 149, T 0351 25 02 83 37, www.genuss-atelier.net, Tram 11: Waldschlösschenstraße, Di–Fr 17–23, Sa12–15.30, 17–23 Uhr, €€

Einfach, schmackhaft und gut!

Steffenhagen Karte 2, E 3

Vegane Hausmannskost – so weit ist es also schon gekommen! Schnitzel, Bratkartoffeln, Pilze, Gulasch, Kartoffelstampf, Bulette – alles da für einen deftigen Feierabend im Kiezlokal, und natürlich gibt's beim Kindergericht auch Ketchup zu den Kartoffelecken.

Schönfelder Str, 2, T 0351 87 46 53 91, www.steffenhagen-dd.de, Tram 13: Görlitzer Straße/Nordbad, tgl. 17–22 Uhr, €€

Der Herr der Saucen

Gasthof Bärwalde Karte 5, B 1

Um zum Gasthof Bärwalde bei Moritzburg zu gelangen, sollte man schon einen Tagesausflug mit Schlossbesuch einplanen. Es lohnt sich aber unbedingt. Selbst der Gault Millau preist Olav Seidels einfache, bodenständige Gerichte. Vom Landschweinbäckchen bis zur gelben Rübe sind die Zutaten aus der Gegend. Dazu werden natürlich sächsische Weine gereicht. Die Auswahl an Kaiserstuhl-Weinen ist eine Reminiszenz an Seidels Lehrjahre. Reservierung erforderlich!

Bärwalde, Kalkreuther Str. 10a, T 035208 34 29 01, www.olav-seidel.de, mit dem Pkw ca. 30–45 Min., Do, Fr, Sa 18–22 Uhr, €€€

Zurücklehnen und genießen – das ist die richtige Einstellung.

Für Vegetarier und Veganer

brennNessel C 4

Keine 100 m hinter dem Zwinger liegt, versteckt zwischen moderner städtischer Bebauung, der Dreiseithof von 1650, der das Umweltzentrum Dresden beherbergt – und Dresdens ältestes vegetarisches Restaurant, das neben seiner pflanzlichen Bio-Vielfalt immer auch ein Hühnchencurry im Angebot hat.

Schützengasse 18, T 0351 21 78 90 68, www.brennnessel-dresden.de, Tram 11: Am Zwingerteich, Mo–Sa 11–24 Uhr, €

Burger ohne Beef

Falscher Hase E 2

Dresdens erstes veganes Restaurant verdankt sein Überleben dem richtigen Stadtteil (das Hechtviertel gilt als neue Neustadt) und dem richtigen Mix aus Take away und im Hasen essen, Imbiss und warmen Tagesgerichten auf einer kleinen Karte. Drinnen Flohmarktmöbel-Charme, draußen vis-a-vis der St. Pauli-Ruine.

Rudolf-Leonhardt-Str. 3, T 0351 30 95 91 12, www.falscher-hase.com, Tram 13: Bischofsplatz, Di–Fr 17–22, Sa, So 13–22 Uhr, €

Fleischlose Frikadellchen

Der Dicke Schmidt E 2

Wo einer gut klarkommt, gibt's auch Platz für zwei: Das vegane Restaurant am anderen Ende der Rudolf-Leonhard-Straße hat natürlich eine Frischetheke und ist ansonsten (veganer) Spezialist für Gulasch, Sushi, Frikadellen, Eiersalat und den ›Dicken Schmidt‹ – eine Art Döner.

Rudolf-Leonhard-Str. 32, T 0351 20 63 74 68, Tram 13: Bischofsplatz, tgl. 11.30–21.30 Uhr, €

Hoffentlich war er keine Eintagsfliege, der ›Spirituelle Schnellimbiß‹ auf dem Schaubudensommer – denn der Erfolg war nicht nur spiritueller Natur …

Institutionen und Szenetreffs

Szene-Urgestein

Raskolnikoff Karte 2, E 3

Seit 1989 leuchtet das rote Lämpchen am Eingang, wenn die Bar geöffnet hat. Im Restaurant gegenüber listet die Speisekarte mit Bortsch und Pelmeni ein paar Reminiszenzen an den ehemals Großen Bruder auf. Besonders beliebt ist das üppige Frühstücksangebot; lassen Sie es sich im verwunschenen Hinterhof mit Kopfsteinpflaster und Brunnen servieren. Im Obergeschoss residiert eine Galerie, im Hinterhaus eine Pension.

Böhmische Str. 34, T 0351 804 57 06, www.raskolnikoff.de, Tram 6, 13: Bautzner/Rothenburger Straße, Mo, Di 17–22, Mi–Sa 12–22 Uhr, €

Liaison culinaire

Villandry Karte 2, E 3

Regionale Zutaten, Fantasie und Liebe zur Kochkunst gehen in diesem modern-geradlinig eingerichteten Restaurant eine geschmacksintensive Liaison ein, die beim stadtteiltypischen Szenepublikum genauso gut ankommt wie bei ausgeführten Eltern und Großeltern. Die Speisekarte wechselt täglich und bietet mediterrane Leichtigkeit mit den passenden Weinen.

Jordanstr. 8, T 0351 30 97 28 77, www.villandry.de, Tram 7, 8: Louisenstraße, Di–Sa 18–0 Uhr, €€

Zeitkapsel

Bautzner Tor Karte 2, E 3

Stil? Egal. Mittag? Ab 17 Uhr. Speisen? Herzhaft bis böhmisch. Bier? Wichtig. So wie das Bautzner Tor muss es in vielen Kaschemmen der Neustadt vor der Wende zugegangen sein. Doch das Publikum ist nicht mitgealtert, sondern verjüngt sich mit jedem Local-Hero-Konzert und jeder KassettenDisco.

Hoyerswerdaer Str. 37, T 0351 803 82 02, www.bautznertor.de, Tram 6, 11, 13: Bautzner/Rothenburger Str., tgl. ab 17 Uhr, €

Tiefenentspannt trödeln

Sankt Pauli E 2

Das Hechtviertel ist die tiefenentspannte Version der Neustadt und in dieser Tagesbar mit ihren hellen weiß-blauen Fließen, ihrer leichten, international zusammengetragenen Speisenauswahl, ihren guten Kaffees und guten Weinen

BIERGÄRTEN UNTER BAUMRIESEN

Zahlreiche Biergärten haben sich bereits vor mehr als 100 Jahren in der Nähe der Elbe angesiedelt und werden von entsprechend stattlichen Baumriesen beschattet. Eine kleine Liste der Klassiker:

Der **Elbegarten** (J 4) stellt ein Biergarten-Basisangebot von Zwiebelkuchen bis Bockwurst bereit, dazu Limo und Bier – und verfügt mit seinem Blauen-Wunder-Blick über einen der schönsten Standorte an der Elbe. Ein Bauerngut mit Schankrecht wurde hier übrigens erstmals 1630 erwähnt.

Friedrich-Wieck-Str. 18, T 0351 210 64 43, www.elbegarten.de, Bus 61, 63, 64: Körnerplatz, Mai–Sept. Mo–Fr 12–23, Sa/So 11–23 Uhr

Im **Fährgarten Johannstadt** (F 3) gibt es immer einen Platz unter den alten Kastanien, zur Not auch auf der Elbwiese. Die quitschgrüne Fassbrause ist auf den tollen Spielplatz gleich nebenan abgestimmt.

Käthe-Kollwitz-Ufer 23b, T 0351 459 62 62, www.faehrgarten.de, Bus 62: Gutenbergstraße oder mit der Fähre, April–Okt. tgl. 10–1 Uhr

Das **Ball- und Brauhaus Watzke** (C 2) von 1898/99 in Pieschen hat zum Elbblick natürlich auch einen Biergarten mit Logenblick auf die Altstadt, hausgebrautem Watzke-Bier und deftiger Küche.

Kötzschenbroder Str. 1, T 0351 85 29 20, www.watzke.de, S 3, 4, 9: Altpieschen, Rehefelder Straße, tgl. 11–24 Uhr kann man sehr gut sehr viel Zeit vertrödeln. Deswegen besser vorher reservieren.

Tannenstr. 56, T 0351 275 14 82, www.sankt-pauli.in, Tram 13: Bischofsplatz, Mo–Fr 18–0, Sa, So 12–0 Uhr, €€

Wie bei Mamma!

La Villetta G 5

›Alimentari und Osteria‹ nennt sich dieses kleine Eckrestaurant auch, das entsprechend über eine gut sortierte Kühltheke mit Käse, Wurst, Oliven und anderen Antipasti nebst Kaffee, Amarettini und sonstigen italienischen Unverzichtbarkeiten verfügt. Das schlicht-mediterran gehaltene Restaurant mit offener Küche bietet wechselnde Tagesangebote aus der italienischen Küche. Noch italienischer: die Plätze draußen im Sommer.

Augsburger Str. 43, T 0351 31 59 90, www.la-villetta.de, Tram 6, 12: Königsheimplatz, Mo–Sa 10–22 Uhr, €€

Italienischer Elbhang

Villa Marie J 4

Unterhalb des Blauen Wunders in unmittelbarer Nachbarschaft der Elbwiesen liegt die markante Villa im toskanischen Landhausstil mit verwunschener Gartenterrasse – dazu passt die gehobene italienische Küche. Im Bar-Empfang im Erdgeschoss bestimmen Holzvertäfelung und Lederpolster das Bild, im Obergeschoss stehen die Restauranttische (recht eng). Für den Sonntagsbrunch lohnt sich eine Vorbestellung.

Fährgässchen 1, T 0351 31 54 40, www.villa-marie.de, Tram, 6, 12: Schillerplatz, Mo–Sa 11.30–22.30, So 11.30–21 Uhr, €€

Kuriose Kneipen-Kultur

Zum Gerücht östlich K 6

Lust auf ethnologische Beobachtungen? In dieser rustikalen Gleich-nach-der-Wende-Gründung in einem ehemaligen Laubegaster Pferdestall sind die Dresdner ganz bei sich: Bergsteiger und Steuerberater, Musiker und Hochschuldozenten treten oft als Co-Union auf. Das Essen ist bodenständig, eigentlich geht es mehr ums hausgebraute Bier.

Altlaubegast 5, T 0351 251 34 25, www.zum-geruecht.de, Tram 4, 6: Leubener Straße, tgl. 19–1 Uhr, €

EXPERIMENTIERFREUDIG UND UNGEWÖHNLICH

Schnell & schön

T1 Bistro & Café C 4

Die Pförtnerloge des Kraftwerks Mitte hat sich zu einem Minilokal mit Draußen-Imbiss gewandelt. Natürlich sind die Kaffees, Matchas, Torten und Snacks

BESENWIRTSCHAFTEN

Die gelbe Elbhangfest-Fahne am Pillnitzer Königlichen Weinberg ist das Zeichen für die geöffnete **Straußenwirtschaft** (südl. K 3) von Walter und Sigrid Rogge. Ringsum und im Glas Riesling, viel Aussicht.

Wünschendorfer Str. 6, T 03 51 311 85 24, www.pillnitzer-weinberg.de, Tram 2 bis zur Endstation, dann mit der Fähre über die Elbe, Sa/So 12–18 Uhr (bei schönem Wetter)

In derselben Lage, nur zu Füßen des Weinbergs lädt auch **Klaus Zimmerling** (südl. K 3) zu einer Kostprobe – mit Weinen, die auch gern in Sternerestaurants serviert werden. Unbedingt eine Flasche als Mitbringsel sichern!

Bergweg 27, T 0351 41 39 43 94, www.weingut-zimmerling.de, Tram 2 bis zur Endstation, dann mit der Fähre über die Elbe, April–Okt., Mi–So 11–18 Uhr

Die linkselbischen Täler sind für ihren Weinbau noch viel unbekannter als die rechtselbischen Hänge. Bei einer der vielen Wein-Veranstaltungen auf dem schönen Weingut von Ines Fehrmann (westlich A 3), lässt sich auch diese Seite besser kennenlernen.

Cossebaude, Talstraße 62, T 0351 454 19 70, www,weinbau-fehrmann.de, ca. 20 Min. mit dem PKW, Termine s. Webseite

Spektakulär genießen in der Gläsernen Manufaktur von Volkswagen.

wunderbar, aber hier geht es darum, dass das Auge mit isst: Die saisonalen Dekoration sind Gesamtkunstwerke!
Wettiner Platz 7, Tel. 0351 48 45 67 51, Tram 1, 2: Schweriner Straße, Mo–Fr 9–23, Sa, So 11–23 Uhr, €

Ü
ÜBRIGENS

Zur geliebten Eierschecke nehmen die Dresdner am Nachmittag ein **Schälchn Heeßn,** einen Kaffee. Das sächsische Nationalgetränk – beileibe kein ›Bliemchengaffee‹ – sollte ›heeß‹ und ›scheen sieße‹ sein. Wahlweise können Sie auch ein Quarkkeulchen dazu essen – oder ein Stück ›Bäbe‹, also Napfkuchen. Das sollte aber ›gediddschd‹ (= eingetunkt) werden. Den perfekten Genuss rund um den Kaffee haben wir übrigens Melitta Bentz zu verdanken, die 1908 in Dresden den Kaffeefilter erfand.

Alles richtig gemacht

Weinzentrale Karte 2, E 3

Jens Pietzonka wurde schon in die richtige Familie geboren. Seine Eltern betrieben das unvergessene Fernsehturm-Restaurant. Er selbst arbeitete sich durch eine Menge preisgekrönter Häuser zum preisgekrönten Sommelier hoch. Und dann machte er aus dem alten Lampenladen eine Weinstube mit soliden Holzbänken auf Steingutfliesen, und ein paar ›Schmakazien‹ gibt es auch noch zum erlesenen Wein.
Hoyerswerdaer Str. 26, T 0351 89 96 67 47, www.weinzentrale.com, Tram 6, 13: Bautzner/Rothenburger Straße, Mo–Fr 18–23 Uhr, ›Schmakazien‹, €€

La douce vie

èmoi Striesen H 5

»Willst Du das Leben genießen, dann zieh nach Striesen«, lautet eine Dresdner Redensart, die wahrscheinlich direkt auf diese Mischung aus französischer Patisserie, skandinavisch-kubistischer Einrichtungsarchitektur und dem Gründerzeit-umstellten Barbarossaplatz zurückgeht. Mit den Canapés, Törtchen und Madelaines des Hauses lässt sich hervorragend auf die Suche nach der verlorenen Zeit gehen.«
Augsburger Str. 48, Tel. 0351 31 38 70 00, www.cafe-emoi.de, Di–Sa 7–19, So 8–19 Uhr (weitere Filiale in der Neustadt: Kamenzer Str. 40, Mo–Sa 7–19, So 8–19 Uhr, Karte 2, E 3)

Seele streicheln – einmal bitte!

Sproutfood Karte 2, E 3

Natürlich ist es wieder ein Laden aus der Neustadt, der neue Wege in Dresden beschreitet: Die Teller werden nach Wunsch mit vielen, vielen Zutaten wie Linsen, Walnüssen, Heidelbeeren etc. befüllt und mit einer abschließenden Vinaigrette zum Gericht verfeinert. Die Mittel gegen großen und kleinen Hunger sind Bio, internationaler Herkunft vom Curry bis zum Burger – und auch gut für die Seele.
Rothenburger Str. 12, T 0351 21 09 35 10, www.sproutfood.de, Tram 13: Görlitzer Straße, Mo–Fr 12–15 Uhr, €

Auf einen Nachmittagsschoppen

Weinkulturbar H 5

Das beiläufig-elegant eingerichtete Ladenlokal ist abends geradezu grotesk früh ausgebucht, aber nachmittags geht noch was. Es gibt keine Karte, sondern ein Buch: einen dicken Wälzer, in dem keine Region auf Erden fehlt, in der Wein gekeltert wird. Inhaber Silvio Nitsche, von der »FAZ« zum besten Sommelier Deutschlands gekürt, empfiehlt jedoch auch nach Stimmung, Neigung oder Neugier seiner Gäste einen Wein aus seinem über 950 Posten umfassenden Fundus.

Wittenberger Str. 86, Striesen, T 0351 315 79 17, www.weinkulturbar.de, Tram 4, 10: Polandplatz, Di–Sa 15–22 Uhr

Fisch in Barock

Kastenmeiers Karte 2, D/E 4

Das Restaurant im barocken Kurländer Palais ist für seine Fischgerichte berühmt – und für seine Mischung aus großzügigen Räumen und unverputzten Wänden mit ganz viel zeitgenössischer Kunst daran. Doch Inhaber und Tausendsassa Gerd Kastenmeier hat auch eine Mitkochshow im Programm und Rezeptkarten mit den besten Gerichten der Woche. Wenn das Hotel Kempinski Ende 2023 wiedereröffnet, zieht das Kastenmeiers dorthin um.

Tzschirnerplatz 3–5, T 0351 48 48 48 01, www.kastenmeiers.de, Tram 7: Pirnaischer Platz, Mo–Sa 17–23, So 10–23 Uhr, €€

Die etwas andere ›Kantine‹

e-Vitrum E 5

Es ist schon etwas ungewöhnlich, in einer Autofabrik zu speisen, aber die VW-Manufaktur ist ohnehin sehr ungewöhnlich. Das ambitionierte Restaurant wird von Mario Pattis geführt und hat sich der internationalen Küche verschrieben. Auf der Karte stehen sächsische und internationale Gerichte, die Bodenständigkeit mit einer eleganten Portion Raffinesse versprechen – Bockshornkleeklöße mit Pfirsich und Sauerampfer beispielsweise.

Gläserne Manufaktur, Lennéstr. 1, Großer Garten, T 0351 420 42 50, www.vitrum-dresden.de, Tram 1, 2, 4, 12, 13: Straßburger Platz, Mo–Sa 10–17 Uhr, €€

Heute lässt der Chef kochen – Kastenmeiers Kochriege im Spotlight.

Allerlei statt Einerlei

Dresdens Einkaufsmeile reicht vom Hauptbahnhof bis zum Albertplatz. Auf den fast durchgängig verkehrsberuhigten zweieinhalb Kilometern dürfte die Augustusbrücke das einzige Straßenstück ohne Ladengeschäft in Sichtweite sein. Auf dem ersten Abschnitt, der Fußgängerzone Prager Straße, haben die großen Ketten wie H&M, Jack Wolfskin, Peek & Cloppenburg oder Mango ihre Filialen. In der Centrum Galerie sind über 80 Läden versammelt und Karstadt liegt schräg gegenüber. Shoppen und Hochleistungssport liegen hier eng beieinander.

Vielleicht ist den Dresdnern deshalb die Altmarkt-Galerie neben dem Altmarkt lieber – sie birgt zwar sogar über 130 Läden, aber die Altmarkt-Umgebung bietet neben dem wenig spannenden obligatorischen Großstadt-Einkaufs-Angebot von C&A, Douglas & Co. auch ein paar Gelegenheiten, einen guten Kaffee zu genießen – was ja bei einem Shopping-Marathon nicht zu unterschätzen ist …

Nördlich des Altmarkts, die Schlossstraße hinunter zum Neumarkt mit der Frauenkirche, präsentieren die Geschäfte eine exklusivere Auswahl – ob es nun Schokoladenvariationen, Schreibwaren, Parfums, Uhren oder Bekleidung sind: Je kleiner die Geschäftsräume, desto höher die Preise. Schicke Restaurants und Cafés mit Blick auf die Frauenkirche sind hier ohnehin in der Überzahl.

Neustadt-Gewächs Jacqueline Peevski hat's gerne farbenfroh. All ihre Hüte sind Unikate (Bautzner Str. 6).

ZUM SELBST ENTDECKEN

Die Bewohner der beiden Stadtteile Blasewitz und Loschwitz pflegen einen Sinn für Genuss – diesen Eindruck könnten Sie bei einem Besuch von **Schiller- und Körnerplatz** gewinnen. In den letzten Jahren tut sich an den beiden Enden des Blauen Wunders einiges, und diese Ecke wird immer mehr zu einem abwechslungsreichen Einkaufsgeviert: Feinkost- und Bioläden, Weine und guter Kaffee, ausgesuchte Mode, Schmuck und Möbel, spannende Bücher, gute Musik und vieles mehr. Das abwechslungsreiche Nebeneinander setzt sich mit den vielen guten Cafés und Restaurants auf der Strecke nahtlos fort.

Tipps für **Innere und Äußere Neustadt** – Viertel, wie sie unterschiedlicher kaum sein könnten – habe ich im Kasten auf der rechten Seite für Sie zusammengestellt.

HÖRBARES

Gebrauchsvinyl
ZentralOhrgan Karte 2, E 3
Als unmittelbare Nachwende-Gründung ist dieser Laden eine graue Eminenz in allen Fragen des rhythmusbetonten Musikgeschmacks. Rock und Pop ausschließlich auf Vinyl, nach neu und gebraucht sortiert. Klar, dass hier auch Dresdner Bands geführt werden. Von den Mitarbeitern erfahren Sie die dazugehörige Bandgeschichte.
Louisenstr. 22, T 0351 801 00 75, Tram 3, 6, 7, 8, 11: Albertplatz, Mo–Fr 11–19, Sa 11–17 Uhr

Old School Musik
Musik Schubert Karte 2, D 5
Von Klangstäben für die musikalische Früherziehung über Konzertgitarren bis zu Noten- und Tonträgerschätzen – mit diesem Laden sind Musikliebhaber lange beschäftigt.
Wallstr. 5–7, T 0351 284 10 07, www.musik-schubert.de, Tram 2, 4, 8, 11, 12 Postplatz, Mo–Fr 10–18, Sa 10–15 Uhr

Klassik, Kompetenz & Charisma
Sweetwater J 4
Inhaber Tino Tuchs musikalisches Urteil zu Jazz, Pop und Klassik ist so fundiert, dass sich sein Stammpublikum gern von ihm die Musikauswahl zusammenstellen lässt.
Friedrich-Wieck-Str. 4, T 0351 264 12 70, www.sweetwaterjazz.de, Bus: 61, 63, 84: Körnerplatz, Di–Fr 10–18, Sa 10–16 Uhr

LECKER UND GUT SOLL'S SEIN

Ein Genuss für Volk und Fürsten
Bäckerei Scheinert K 3
Die Bäckerei ist ohnehin ein Geheimtipp. Glücklich, wer seine Sonntagsbrötchen hier beziehen kann. Und für einen guten Christstollen lohnt sich eine lange Anfahrt allemal. Ein Tipp: Der Qualitätsstollen lässt sich auch übers Internet bestellen.
Bautzner Landstr. 64, T 0351 268 38 74, stollensiegel.de, Tram 11: Am Weißen Adler, Di–Fr 7–18, Sa 7–11, So 7.30–10.30 Uhr

Alles Wurst
Fleischerei Creutz Karte 2, E 3
Als Sven Creutz die Grundversorgung der Neustadt mit Wurst und Fleisch von seinem Vater übernahm, hat er es auch mal mit veganem Aufschnitt versucht. Wollte keiner. Dafür sind die Knacker und Bratwürste dieser Institution der Fleischveredlung einfach zu lecker.
Louisenstr. 25, T 0351 803 09 08, Tram 7, 8: Louisenstraße, Mo–Mi 7–18, Do, Fr 7–18.30 Uhr, Sa 7–13 Uhr

Ein Leben für guten Geschmack
Lust und Laune K 3
Ein Leben ohne französischen Comté, italienische Fenchelsalami, Aprikosentartes und natürlich den passenden Weinen ist möglich, aber sinnlos. Das

Ü
ÜBRIGENS

Nach der Augustusbrücke empfangen der Goldene Reiter und die platanenbestandene Hauptstraße die Passanten. Zwischen ihr und der Königstraße liegt das kleine Barockviertel der **Inneren Neustadt** mit seinen schmalen Gässchen voller wunderbarer Entdeckungen: Hier edle Stoffe, dort Antiquitäten, da die Kollektionen ausgesuchter Modelabels. Und dazwischen zahlreiche Gelegenheiten, die Ruhe des Viertels wirken zu lassen. Der Kontrast zum Gewusel auf den Straßen der **Äußeren Neustadt** könnte kaum größer sein. Vom Albertplatz aus führt die Alaunstraße in das Gründerzeit- und Szeneviertel, das auch 20 Jahre nach der Wende nichts von seinem Aufbruchs-Charme verloren hat. Kein Konzept ist zu skurril, Upcyceln, Fairtrade und 2nd Hand scheinen hier erfunden worden zu sein. Ob Müsliladen oder Gruftiezubehör: Kleine Modelabels, Wohn- und Schmuckdesigner testen in der Neustadt, wie neue Ideen ankommen.

In der Äußeren Neustadt werden immer wieder neue spannende Läden eröffnet. Manche bestehen, andere vergehen – das Flair bleibt.

ist der Grundgedanke hinter dem Feinkost-Sortiment von Sibylle Gluch und Dirk Schwietzke.

Bautzner Landstr. 8, T 0351 31 41 03 74, lustundlauneblog.wordpress.com, Tram 11 Plattleite, Mo–Fr 9–18.30, Sa 9–13 Uhr

Tante Emma, reloaded

Ecke Nord Karte 2, E 2

Natürlich hat die Neustadt einen Tante-Emma-Laden, und natürlich ist dort alles ein bisschen anders als früher: Die Produkte sind Bio, fairtrade oder mindestens aus Dresdner Anbau. Hier gibt's die lokal abgefüllte Kolle-Mate und Zotrine-Limo, regelmäßig Jazzkonzerte oder Tango, mittags Suppe und immer einen Kaffee.

Frühlingsstr. 22, T 0351 32 01 27 82, Tram 13: Alaunplatz, Mo–Sa 8–20.30 Uhr

Ü ÜBRIGENS

Da war doch noch was … der **erzgebirgische Weihnachtsschmuck!** Dresden ist Hauptumschlagplatz dafür. In der Beratungsstelle des Landesvereins Sächsischer Heimatschutz (Karte 2, D 5) gibt es eine kleine Auswahl ausgesucht schöner holzgeschnitzter Tiere, Engel, Bergmänner und Nussknacker (im Landhaus an der Ecke zur Friesengasse, www.saechsischer-heimatschutz.de, Mo/Di, Do/Fr 9–17, Mi 9–18 Uhr).

Dresdens KaDeWe

Galeria Markthalle D 5

Im Untergeschoss von Galeria breitet sich Dresdens größte Feinkostabteilung aus. Das Fischangebot ist erstklassig, und auch sonst fällt die Wahl schwer. Und Biowaren haben ihren eigenen Bereich.

Prager Str. 12, T 0351 861 21 92, https://galeria-markthalle.de, Tram 8, 9, 11, 12: Prager Straße, Mo–Sa 9.30–20 Uhr

Sehen, riechen, schmecken

Zaffaran – Gewürzatelier und Café Karte 2, E 3

Die beiden Inhaberinnen suchten in Dresden nach guten Gewürzen und gründeten schließlich selbst dieses Lädchen. Auf den Regalen steht die Welt traulich zusammen, indische neben arabischen, afrikanischen, südamerikanischen Würzmischungen und Solisten. Das

Kaffee- und Kuchenangebot liefert ein paar würzige Kostproben.

Martin-Luther-Str. 20, www.zaffaran.de, Tram 11: Pulsnitzer Straße, Di–Fr 11–18, Sa 10–14 Uhr

VIELFÄLTIGES (FLOH-)MARKTTREIBEN

Von der Schraube bis zum Schrank

Altes Heizhaus Dresden Karte 2, D 3

Was bei Abriss- und Beräumungsarbeiten so anfällt, plus Restposten oder anderweitig Angespültes steht in den ehemaligen Kohlenhallen der Dental-Kosmetikfabrik und wartet auf die Zweitverwertung, gern bei einem Bier als Ideengeber. Nur der Pflanzenverkauf ist direkt vom Gärtner.

Stetzscher Str. 4, T 0172 366 67 96, www.theresienhof-dresden.de, geöffnet Sa, Termine s. Webseite

Alles außer langweilig

Elbeflohmarkt Karte 2, E 4

Ein Tipp für schönes Wetter: Dann bieten bis zu 600 Händler am Elbufer von teuren Antiquitäten bis zu abgestandenem Hausrat alles an, was einen verkäuflichen Eindruck macht. In jedem Fall faszinierend.

Käthe-Kollwitz-Ufer/Albertbrücke, www.melan.de, Tram 6, 13: Sachsenplatz, Sa 7–16 Uhr

Immer wieder samstags

Kunst-, Antik- und Trödelmarkt Karte 2, D 4

Jeden Sonnabend füllt sich der Parkplatz hinter dem Haus der Presse mit professionellen Standbetreibern und solchen, die nur mal eben Aussortiertes loswerden wollen. Vorteil: Eine Halle erlaubt wetterunabhängiges Stöbern (im Winter in der Neustädter Markthalle).

Devrientstraße, T 0351 48 64 24 43, Tram 11: Kongresszentrum, April–Okt. Sa 9–15 Uhr, Nov.–März Neustädter Markthalle, Sa 9–16 Uhr

Frisch auf den Tisch

Sachsenmarkt E 5

Dresdens größter und beliebtester Wochenmarkt, auf dem Erzeuger der Umgebung Blumen, Fleisch, Käse und Brot verkaufen. Oft Bio, oft erstaunlich preiswert.

Lingnerallee, www.dresden.de/maerkte, Tram 10, 13: Großer Garten, Fr 8–16.30 Uhr

ES IST SO SCHÖN ...

Originalgrafik und Papeterieware

art+form Karte 2, E 3

Gegründet als Galerie und Rahmenwerkstatt, ist die Auswahl an Originalgrafik und -fotografie nach wie vor beträchtlich. Doch das riesige Angebot an Papierwaren, Kalendern und anderem unwiderstehlichen Krimskrams macht inzwischen den eigentlichen Charme aus.

Äußere Neustadt, Bautzner Str. 11, T 0351 803 13 22, www.artundform.de, Tram 6, 11: Albertplatz, Mo–Fr 10–19, Sa 10–18 Uhr.

Für die Großstadtjagd

Ledertruhe Radke Karte 2, E 3

Uta-Maria Radke ist wie ihre Taschen: schnörkellos, praktisch, haltbar. Seit 85 Jahren gibt es diesen Laden mit Garantie auf null Chichi. Sie führt auch die Thielemann-Jagdtaschen aus dem nahen Leppersdorf. Die halten noch länger.

Ganz der Gentleman: Hipster nach erfolgreichem Flohmarkt-Stöbern.

Rothenburger Str. 10, T 0351 802 04 21, www.ledertruhe-radke.de, Tram 13: Görlitzer Straße, Mo–Fr 11–18, Sa 10–13 Uhr

Unschuldslämmer, Grünschnäbel & Stupshasen

Atelier Kleinod J 4

Schmuckgestalterinnen, Töpferinnen, Restauratorinnen und andere Kleinkünstler haben sich hier zwecks optimaler Warenpräsentation zusammengetan. Käuflich zu erwerben sind Dinge mit dem berühmten Etwas – oft sind es Unikate. Sehr passend erscheint mir ein Spruch auf einer der Kleinod-Karten: »Muss das sein?« fragt der Verstand. »Nein«, sagt das Herz, »aber es ist so schön!«

Dammstr. 1, T 0160 96 85 90 21, kleinod-dresden.blogspot.com, Bus 61, 63, 84: Körnerplatz, Di–Fr 10–18, Sa 10–14 Uhr

Erzgebirgisch-Handgedrechseltes …

Wendt & Kühn Karte 2, D 5

… das bedeutet beispielsweise elf weiße Punkte pro grünem Flügelchen, dazu kugelrunde Engelköpfchen und -fäustchen. In diesem Laden ist die ganze Produktpalette der erzgebirgischen Traditionsmanufaktur Wendt & Kühn zu finden, dazu all die anderen Figuren (oft preisgekrönter) Holzgestalter aus dem Erzgebirge, die hauptsächlich dem Weihnachtsthema immer wieder neue Engel-, Pyramiden- und Räuchermann-Formen abringen. Das Lädchen ist nicht nur im Winter ein heißer Tipp!

Landhausstr. 6, T 0351 48 19 67 66, tradition-form.de, Tram 1, 2, 4: Pirnaischer Platz, Mo–Sa 11–19 Uhr

MODE & MEHR

Mädchenhaftes im Kleiderparadies

Lindegrün Karte 2, E 3

Neben feminin-französischer und skandinavischer Kleidung gibt es hier Kreationen der eigenen Modemarke Lindegrün – mädchenhaft, originell, mit einfachen Schnitten und sehr tragbar.

Alaunstr. 18, T 0172 793 14 27, www.lindegruen.de, Tram 6, 11: Albertplatz, Mo–Do 11–13, 14–19, Fr 11–19, Sa 11–19 Uhr

Fußtastisch

Preiß Legere Karte 2, E 2

Kundenwunsch, Lederproben, Anprobe, Probeschuh – was danach an die Füße kommt, sitzt und sieht genau so aus, wie man es jahrelang vielleicht vergeblich gesucht hat. Ein schneller Einkauf lässt sich in Alexander Preiß' Maßschuh-Manufaktur allerdings nicht machen. Aber sie ist wahrscheinlich ein guter Grund, Dresden noch einmal zu besuchen.

Rähnitzgasse 23, T 0177 4651108, www.preiss-schuhe.de, Mi–Fr 11–13, 14–20 Uhr, Sa 11–15

Dresdens wiedergefundene Zeit

A. Lange & Söhne
Karte 2, D 4

Besuchen Sie den Mathematisch-Physikalischen Salon im Zwinger: Er erzählt von der kurfürstlichen Leidenschaft für Präzisions-Messinstrumente. In seinem Fahrwasser gründete der Feinmechaniker im frühen 19. Jh. südlich von Dresden in Glashütte seine Manufaktur A. Lange & Söhne. Heute ist die Firma in Glashütte der Platzhirsch unter vielen Herstellern mechanischer Uhren. Die edle Ladenausstattung stammt übrigens von den Hellerauer Werkstätten aus Dresdens Norden.

Neumarkt 15, T 0351 48 18 50 50, www.alange-soehne.de, Tram 1, 2, 4: Altmarkt, Mo–Fr 10–19, Sa 10–16 Uhr

Der Frauen Gespür für Handwerk

Atelier für Einzelstücke
Karte 2, D 4

Die schlicht-raffinierten Schmuckstücke der Designerin Sandra Coym haben eine Gemeinsamkeit mit den Stücken anderer Gestalterinnen, die sie ebenfalls anbietet: Sie sind filigrane, hauchzarte Kleinkunstwerke. Dazu hat Coym ein gutes Gespür für Taschen: Farbstark, schnörkellos, aus edlen Materialien – und wieder ist die Liste von Dingen, die man unbedingt braucht, ein Stück länger.

Obergraben 15, T 0351 323 17 06, sandracoym.de, Tram 4, 8, 9: Neustädter Markt, Di–Fr 10.30–19, Sa 10–15 Uhr

IM HOF DER TIERE UND ELEMENTE

Stundenlanges Stöbern versprechen diverse Lädchen in der **Kunsthof-Passage** (Karte 2, E 3) in der Äußeren Neustadt. Die fünf Höfe mit so malerischen Namen wie ›Hof der Tiere‹, ›Hof der Fabelwesen‹ oder ›Hof der Elemente‹ gestalteten junge Künstler Ende der 1990er-Jahre (www.kunsthof-dresden.de).

Ein Auszug aus dem Sortiment:

Atelier Sabine Vittinghoff
Herrlicher Krimskrams – ein bisschen Wohndeko, eine bisschen Geschirr, ein paar Accessoires. Der Star ist eine überkandidelte Fruchtfliege, die die Atelierbesitzerin als bunte Zeichnungen auf Tassen, Karten, Frühstücksbrettchen herumlümmeln lässt.

ultramaringelb
Patrice Funke und Imke Jörns bearbeiten Silber und Steine, als wären diese Materialien so weich wie Lehm – so organisch wirken ihre Schmuckstücke. Keine Hintergrundgestaltung, lauter Solisten!

In Blüte
Wie wenig es braucht, um aus einem Tisch-Stuhl-Ensemble einen kleinen Garten zu machen, zeigen Ihnen diese Floristinnen. Immer dabei: ein ungewöhnlicher Zweig, eine kultige Topfpflanze (die man bis dahin für angestaubt hielt), eine Kerze, die auch noch mit muss …

Mrs. Hippie
Sie haben diese Klamotten noch nirgendwo gesehen? Kunststück, der Laden produziert seine eigenen Label mit praktischen, tragbaren Sachen mit gewitzten Details, made in der EU, Bio, in kleinen Stückzahlen. Und das allergrößte Kunststück: Die Sachen sind trotzdem bezahlbar.

ZUM SELBST ENTDECKEN

Elbe-Abende
Altersgemischt, idyllisch und deutlich genussorientiert geht es in Loschwitz in den Cafés, Weinstuben und Biergärten am Blauen Wunder zu – das Leben der Bohème, die zu DDR-Zeiten die damals ruinösen, inzwischen längst unbezahlbaren (renovierten) Fachwerkhäuser besiedelte, wirkt nach.

www.cybersax.de
Übersichtliche Website zum aktuellen Nachtgeschehen. Das Print-Äquivalent ist das Stadtmagazin »SAX«.

www.augusto-sachsen.de
Der digitale Veranstaltungskalender der Sächsischen Zeitung verkauft auch gleich die Tickets.

Klassische Altstadt versus junge Neustadt

Einfach zu merken: Dresdner Neustadt und Altstadt sind für zwei unterschiedliche Unterhaltungsprogramme am Abend zuständig. Während in der Äußeren Neustadt die Feierwütigen aus jeder Kneipe schwappen und die engen Bürgersteige von Menschenpulks verstopft werden, ist die Situation in der Altstadt übersichtlich und ein Platz an der Bar leicht zu ergattern.

Dafür spielt in der Altstadt zwischen Altmarkt, Theaterplatz und – seit Neuestem – dem Kraftwerk Mitte die Hochkultur. Denn seit die historischen Industriehallen des ehemaligen Energieversorgers für die Staatsoperette und das Theater Junge Generation umgebaut wurden, hat auch die Café- und Restaurant-Dichte der Umgebung deutlich zugenommen.

Auf der Weißen Gasse und dem Neumarkt rund um die Frauenkirche können Sie nach Oper-, Konzert- oder Theaterbesuch auf einen Wein oder Cocktail einkehren – in Laufweite, in erprobter Qualität und zu gediegenen Preisen.

In der Neustadt dagegen stammt das Bier in der Hand gern aus den zahlreichen Spätshops (›Spätis‹), die ihre Öffnungszeiten denen der Lokale rundherum angepasst haben. Doch auch die Bars verlangen keine überteuerten Preise. Nur: Manchmal gelangt man eben nicht so leicht bis zum Tresen …

Kurze Rast beim Kneipenbummel in der Neustadt – denn der kann dauern …

BARS & KNEIPEN

Mehr Plüsch als Bitter

Gin Bar Karte 2, D 4

Die Bar am Neumarkt ist ideal gelegen, um Aufführungen in Semperoper, Schauspielhaus & Co. bei alkoholischen Besonderheiten mit Wachholder nachklingen zu lassen. Zu früh betreten verführt die rotsamtene Ausstattung zusammen mit dem Zigarren-Angebot dazu, die Eintrittskarten verfallen zu lassen.

Rampische Str. 9, T 0351 41 72 70, www.dresden-ginhouse.de, Tram 1, 2, 4: Altmarkt, tgl. 19–1 Uhr

Klassische Cocktail-Kultur

Karl May Bar Karte 2, D 4

Wie alles im Kempinski-Hotel ist auch die Bar mit Holzpanelen und lederbezogenen Polstern stilvoll, nobel und geschmackssicher. Achtung: Nach Generalsanierung des Hotels Wiedereröffnung Ende 2023.

Im Taschenbergpalais, Kleine Brüdergasse, T 0351 491 27 20, www.kempinski.com, Tram 1, 2, 4, 8, 9, 11, 12: Postplatz, tgl. 18–2 Uhr

Seele baumeln lassen

Rauschenbach Deli Karte 2, D 5

Die elegante Einrichtung passt zum Frühstück ebenso wie zur abendlichen Cocktailkarte. Ideal für Pausen beim Altstadtbesuch, für lange Gespräche, fürs Wohlfühlen.

Weiße Gasse 2, T 0351 821 27 60, www.rauschenbach-deli.de, Tram 1, 2, 3, 4, 7, 8: Pirnaischer Platz, Mo–Do 9–0, Fr 9–2, Sa 10–2, So 10–0 Uhr

Herrlich schräger Shabby Chic

Hebedas Karte 2, E 3

Die Kneipe besteht seit 1914 und teilt das Schicksal geliebter Kuscheltiere: abgegriffen, aber unentbehrlich. Das Retro-Design aus einer früheren Renovierung sieht inzwischen auch wieder original aus. Am Wochenende wird im Hinterzimmer getanzt. Oder auf der Straße davor.

Rothenburger Str. 30, T 0351 895 10 10, www.hebedas.de, Tram13: Görlitzer Straße, tgl. ab 19.30 Uhr

Cocktail-König

Pinta Bar Karte 2, E 3

In der ältesten Cocktailbar der Neustadt wird noch immer beispielgebend gerührt, geschüttelt und gemixt. Und die Bar-Atmosphäre stimmt auch.

Louisenstr. 49, T 0351 810 67 61, www.pinta-cocktails.de, Tram 13: Görlitzer Str., Mo–Do 19–0, Fr, Sa 19–1.30 Uhr

Stammkneipe

Bar Holda Karte 2, E 3

Ausgehadresse, reduziert auf das Wesentliche: Tresen, Bierauswahl und ein sich schnell einstellendes Zugehörigkeitsgefühl.

Martin-Luther-Platz 4, T 0162 310 91 35, www.bar-holda.de, Tram 11 Pulsnitzer Str., tgl. 18–3 Uhr

LIVEMUSIK

Lebende Legende

Beatpol westlich A 3

Da nutzt es gar nichts, dass der Originalstuck des Jahrhundertwende-Ballsaals noch an der Decke klebt: Dieser Schuppen (der frühere legendäre Starclub!) mitten in der Nachtleben-Diaspora Altbriesnitz atmet Rock und

Ü ÜBRIGENS

Das **Internationale Dixieland Festival** lässt schon seit bald 50 Jahren das alte New Orleans lebendig werden. Passend dazu werden sämtliche Schaufelraddampfer von Banjo, Saxophon und Waschbrett okkupiert. Auch Open Air-Gala im Großen Garten, Jazzmeile und Parade durch das Stadtzentrum sorgen dafür, dass jeder im Oldtime-Jazz-Takt wippt, ob gewollt oder nicht. Tipp: Überlegen Sie nicht, ob das vielleicht uncool sein könnte – einfach mit guter Laune anstecken lassen (2. Mai-Wochenende, www.dixielandfestival-dresden.de).

»Internationales Festival für Theater, Vergnügen und Musik« lautet der offizielle, alles umfassende, aber sehr lange Titel des Scheune-Schaubudensommers.

inzwischen ist sein Ruf legendärer als der der Bands, die hier spielen.
Altbriesnitz 2a, T 0351 421 03 97, www.beatpol.de, Tram 1, 12: Cossebauder Straße

Mutter der Dresdner Subkultur

Scheune Karte 2, E 3
In der Scheune spielten schon zu DDR-Zeiten Punkbands, die es offiziell gar nicht gab. Seitdem hat sie sich ihren Ruf als Bühne für Subkulturen bewahrt. Zur Zeit wird sie vergrößert – und residiert so lange in einer Containerburg, liebevoll Blechschloss genannt. Ruhig mal reingucken!
Alaunstr. 36–40, T 0351 32 35 56 40, www.scheune.org, Tram 3, 6, 7, 8, 11: Albertplatz

Während der Konzerte nicht rauchen!

Blue Note Karte 2, E 3
Obwohl das Publikum, das die Jazz- und Blueskonzerte besucht, nicht zwingend identisch ist mit dem, das sich hier auf ein Bier einfindet, ist das Blue Note bei Nachtschwärmern und Musikliebhabern gleichermaßen legendär. Bei den Live-Konzerten gilt aber die Hausregel: Zuhören!
Görlitzer Str. 2b, T 0351 801 42 75, www.jazzdepartment.com, Tram 13: Görlitzer Straße, So–Do 19–1, Fr, Sa 19–2 Uhr

From Dusk till Dawn

GrooveStation Karte 2, E 3
Wenn Rock, dann Schweinerock, wenn Reggae, dann Speed Reggae, wenn Disco, dann mit einem großen Schuss Balkan: In der GrooveStation wird das Bier immer schneller, lauter, härter über den Tresen gereicht als anderswo. Der Laden ist auch Austragungsort exzessiver Billard- und Tischfußball-Partien! Nicht lange fackeln – einfach mitmachen.
Katharinenstr. 11–13, T 0351 802 95 94, www.groovestation.de, Tram 3, 6, 7, 8, 11: Albertplatz

Heilige Hallen

Alter Schlachthof Karte 2, D 2/3

Die beiden Hallen des Schlachthofes sind schon unter Rock-, Reggae-, Hip-Hop- und Klassik-Pop-Crossovern erzittert. Das Programm umfasst neben Konzerten auch Komiker-Abende und Lesungen.

Gothaer Str. 11/Ecke Leipziger Straße, T 0351 43 13 10, www.alter-schlachthof.de, Tram 4, 9: Alter Schlachthof

STADT-SPEZIFISCHES

»Bayreuth der Beine«

Festspielhaus Hellerau Karte 4

Kulturelles Experimentierfeld mit tiefen Wurzeln: Um 1912 wirkten hier der Bühnenreformer Adolphe Appia, der Rhythmiker Émile Jacques-Dalcroze und die Tänzerin Mary Wigman. Heute sorgt das Haus als Europäisches Zentrum der Künste dafür, dass zeitgenössische Ausdrucksformen für Tanz und Theater in Dresden eine gute Bühne haben – und die Dresden Frankfurt Dance Company ein Stammhaus.

Karl-Liebknecht-Str. 56, Hellerau, T 0351 264 62 46, www.hellerau.org, www.dresdenfrankfurtdancecompany.com, Tram 8: Festspielhaus Hellerau

Gänsehaut-Gesang

Kreuzchor/Kreuzkirche

Karte 2, D5

Der Kreuzchor hat mit seinem 800-jährigen Bestehen die längste ungebrochene musikalische Traditionslinie in Dresden. Wenn er in voller Stärke auftritt, singen 120 Jungen im Alter zwischen neun und 19 Jahren. Bei den meisten Konzerten und den Vespern in der Kreuzkirche sind es 80 – immer noch mehr als genug, um sich in ihren Stimmen zu verlieren.

An der Kreuzkirche 6, T 0351 439 39 39, www.kreuzchor.com, Tram 1, 2, 4: Altmarkt

Urgestein für Jazzmusik

Jazzclub Tonne Karte 2 E 4

Die Tonne ist ein Urgestein für Jazzmusik! Sämtliche internationalen Strömungen waren schon auf ihrer Bühne vertreten, und nun ist sie nach langen Kompromisslösungen auch endlich wieder in ihren angestammten Räumen zu Hause: dem alten Tonnengewölbe unter dem Kurländer Palais.

Altstadt, Tzschirnerplatz 3–5, T 0351-8026017, www.jazzclubtonne.de, S 1, 2, 3, 4, 7, 8: Pirnaischer Platz

FRÜHLING DER MUSIK

Das Programm der **Dresdner Musikfestspiele** steht jedes Jahr unter einem neuen Thema, zu dem Festivalleiter Jan Vogler international renommierte Orchester und Musiker der Klassikszene einlädt. Die hochkarätigen Konzerte sind dann an den ungewöhnlichsten Orten zu hören (Mai–Juni, www.musikfestspiele.com).

Kabarettisten warnen: »Freibier wird teurer!«

Die Herkuleskeule Karte 2, D 5

Das Ensemble fand zu DDR-Zeiten seine politsatirischen Themen im real existierenden Sozialismus. Dass es auch nach der Wende noch genügend Gründe zum Lachen gibt, zeigt es seit April 2017 auf einer neuen Bühne: dem Zentrum ein Stück näher im Kulturpalast.

Schloßstr. 1, T 0351 492 55 55, www.herkuleskeule.de, Tram 1, 2, 4: Altmarkt

EINFACH TANZBAR

So bunt wie seine Geschichte

Zentralwerk C 1

Das Zentralwerk war schon vieles: Nähmaschinenfabrik, Munitionsfabrik und Druckerei. Jetzt ist es eine genossenschaftlich organisierte Kulturfabrik mit dem Willen, Wohnen, Arbeiten, Kunst und Kultur miteinander zu verbinden. Fürs Publikum heißt das in erster Linie: Ein großer Saal für ein vielfältiges Programm mit Lesungen, Tanztees, Performances, Konzerten …

SO VIEL ZUR HOCHKULTUR

Dresden hat Hochkultur. In der **Semperoper** dirigiert Christian Thielemann die **Sächsische Staatskapelle** durch seine siebte Spielzeit. Die **Dresdner Philharmonie** hat gerade einen neuen Saal mit einer Akustik deluxe im Kulturpalast bekommen. Mit dem **Theater Junge Generation** und der **Sächsischen Staatsoperette** holte sich die Stadt zwei Bühnen von der Peripherie ins Zentrum: auf das Gelände des alten Heizkraftwerks Mitte in bequemer Laufweite vom Zwinger. Nun bringen die Musicals, die Operetten und das Kinder- und Jugendtheater jede Menge Leben in die alten Maschinenhallen des **Kraftwerks**. Die Studenten der **Musikhochschule Carl Maria von Weber** haben bereits jetzt im ehemaligen **Lichtwerk** ihre Probenräume bezogen.
Und dann ist da noch Jan Vogler, Intendant der **Dresdner Musikfestspiele.** Alljährlich im Mai und Juni lädt er renommierte Musiker und Orchester nach Dresden, die der Stadt einen konzentrierten Überblick auf die internationale Klassikszene geben – und findet dafür immer wieder neue, ungewöhnliche Themen und Orte.
Die Theaterdichte der Innenstadt ist ebenfalls riesig: Neben dem Flaggschiff **Staatsschauspiel** mit Großem Haus für den großen Auftritt und Kleinem Haus für Experimente ist da das seriöse **Societaetstheater,** der selbstironische **Theaterkahn,** das **Boulevardtheater** mit seinen Schenkelklopfern etc. pp.
Die Spielpläne finden Sie hier:
www.semperoper.de
www.dresdnerphilharmonie.de
www.tjg-dresden.de
www.staatsoperette-dresden.de
www.societaetstheater.de
theaterkahn.de, boulevardtheater.de
www.kulturkalender-dresden.de

Riesaer Str. 32, zentralwerk.de, Tram 3: Zeithainer Str.; S-Bahn: Pieschen

Schrammelbude mit Tanzboden

Ostpol Karte 2, E 2

Der Name ist eine Reminiszenz an die lupenreine DDR-Einrichtung mitsamt Lyrocell-Gardine und Kachelofen, kombiniert mit einer Bar, einer Bühne und genügend Platz zum Tanzen. Neben jeder Menge Bandauftritten besteht auch die Möglichkeit, zur Open-Mic-Night spontan selbst eine zu gründen.

Königsbrücker Str. 47, www.ost-pol.de, Tram 13: Bischofsweg, tgl. ab 20 Uhr

Schräger Tanzboden

Saloppe Sommerwirtschaft G 3

Der lauschige Biergarten im Grünen entwickelt sich abends zu einer höchst beliebten Disco mit den Hits der letzten 30 Jahre; Dirty Dancing und Rock'n'Roll eingeschlossen. Außerdem: Klassik zum Chillen, local Heros und Komiker.

Brockhausstr. 1, Radeberger Vorstadt, T 0172 353 25 86, www.saloppe.de, Tram 11; Wilhelminenstraße, Mai–Sept. Mo–Fr ab 17, Sa/So ab 12 Uhr

Geht immer

Down Town Karte 2, E 3

Rekrutiert seit 1995 immer neues Jungvolk, das zum freitäglichen Nachtfieber oder zur sonnabendlichen Disco-Reihe im Untergeschoss einer kleinen ehemaligen Hinterhoffabrik verschwindet. Oben drüber gibt es mit der **GrooveStation** ein musikalisches Kontrastprogramm.

Katharinenstr. 11, T 0351 811 55 92, www.downtown-dresden.de, Tram 3, 6, 7, 8, 11: Albertplatz, Fr/Sa ab 22 Uhr

Rocking 50s

Rosis Amüsierlokal Karte 2, E 2

Die Reeperbahn stand Pate bei der Ausgestaltung des Etablissements. In der sorgfältig arrangierten Kietzkneipe gehören Rock'n'Roll und Rockabilly-assoziierte Konzerte zum guten Ton.

Eschenstr. 11, T 0351 500 53 05, www.rosis-dresden.de, Tram 7, 8: Louisenstraße, tgl. 18–2 Uhr

KINOS: KLEIN, GROSS, DRAUSSEN

Natürlich hat die Neustadt ein Programmkino, und zwar das **Filmtheater Schauburg** (Karte 2, E 2), und natürlich hat das vier Säle. Die altgediente Schauburg wurde als eines der ersten Kinos in Dresden 1927/28 erbaut.
Gerade hat es eine aufwendige Generalüberholung bekommen, doch ein bisschen Filmpalast-Nostalgie schwebt immer noch durch das Entreé.
www.schauburg-dresden.de

Cinema, Coffee and Cigarettes – mit dem **Thalia** (Karte 2, E 3), einem Ein-Saal-Programmkino, hat die Neustadt gleich noch ein zweites spannendes Kino aufzubieten. Das Filmangebot ist klein und fein, außerdem gibt es eine sehr gemütliche Bar. Sie werden gar nicht mehr weg wollen …
www.thalia-dresden.de

Den Aufbruch in die Moderne markiert das **Programmkino Ost** (J 6), ein schickes, neues Kino mit drei Sälen, eleganter Bar und einem exquisiten Filmgeschmack, der sich auch in guten Themenreihen zeigt.
www.programmkino-ost.de

Der **UFA-Kristallpalast** (D 5) ist auch im Hellen schön: Die atemberaubende Architektur des Multiplexkinos mit acht Sälen stammt vom österreichischen Architekturbüro Coop Himmel(b)lau. Gleich daneben liegt übrigens das **Rundkino** in hochinteressanter 1970er-Jahre-Architektur (www.cineplex.de/dresden).
www.ufa-dresden.de

Mit einem Wahnsinns-Panorama hinter der Leinwand können die **Filmnächte am Elbufer** (Karte 2, D 4) punkten. Das Open-Air-Kino mit großer Bühne für Konzerte aller Art markiert jedes Jahr den Sommerbeginn. Nicht nur das Gelände der Filmnächte vor dem Finanzministerium belebt sich, auch die Elbwiesen links und rechts davon.
www.filmnaechte.de

Hin & weg

In Dresden ankommen

Der **Flughafen** (Karte 5, B 1) liegt 9 km nördlich des Stadtzentrums in Dresden-Klotzsche.

Vom Flugplatz in die Stadt
Vom Bahnsteig im Untergeschoss fährt alle halbe Stunde die S-Bahn zum Bahnhof Neustadt (12 Min.) und zum Hauptbahnhof (20 Min.). Die Buslinie 77 mit Haltestelle vorm Terminal fährt alle 20 Min. zur Haltestelle Infineon-Nord (7 Min.), von dort braucht die Straßenbahnlinie 7 (Richtung Pennrich) ca. 15 Min. in die Neustadt bzw. ca. 25 Min. bis zum Pirnaischen Platz im Stadtzentrum. Die Buslinie 80 (Richtung Bahnhof Klotzsche) fährt alle 20 Min. zum Käthe-Kollwitz-Platz (10 Min.) und stößt dort ebenfalls auf die Linie 7.
Taxis: T 0351 211 211, eine Fahrt ins Zentrum kostet ca. 30 €, www.taxirechner.de

Sicherheit und Notfälle

Notruf, Erste Hilfe: T 112
Polizei: T 110
Ärztlicher Bereitschaftsdienst: T 0351116117, www.kvs-sachsen.de
ADAC-Pannenhilfe: T 0180 222 22 22 (in allen Mobilfunknetzen: 22 22 22)
Sperr-Notrufnummer für Kredit-, Bank- und Mobilfunkkarten: T 116 116, www.sperr-notruf.de
Dresden ist eigentlich harmlos, nur rund um den Striezelmarkt im Dezember steigt die Quote der Taschendiebstähle.
Österreichisches Honorarkonsulat: T 030 26 93 42 80, www.honorarkonsulat-dresden.de
Schweizerisches Honorarkonsulat: T 0351 43 83 29 90, www.eda.admin.ch

Information: www.dresden-airport.de, T 0351 88 10

Vom Bahnhof in die Stadt
Züge aus östlicher, nördlicher und nordwestlicher Richtung kommen zuerst am Bahnhof Dresden-Neustadt an, aus Südosten, Süden und Südwesten am Hauptbahnhof.
Nahe am Stadtzentrum liegt der Hauptbahnhof. Bis zur Frauenkirche sind es 1,6 km zu Fuß oder zwei Straßenbahn-(Tram)-Haltestellen bis zum Pirnaischen Platz oder dem Postplatz.
Auskunft Hbf: T 0351 461 10 55, DB-Info vor Ort tgl. 6–22.30 Uhr, www.bahnhof.de

Fernbus-Haltestellen
Dresden hat keinen Busbahnhof. Fernbusse halten üblicherweise auf der Bayrischen Straße hinter dem Hauptbahnhof, an der Hansastraße hinter dem Bahnhof Neustadt und an der Flughafenstraße vor dem Flughafen-Terminal.

Informationen

Dresden Information: T 0351 50 15 01 (Mo–Fr 9–18, Sa 9–17 Uhr), www.dresden.de/tourismus
Tourist-Information an der Frauenkirche: im Quartier an der Frauenkirche (QF), Neumarkt 2, März–Dez. Mo–Fr 10–19, Sa 10–18, So 10–15, Jan., Feb. Mo–Sa 10–18, So 10–15 Uhr
Tourist-Information im Hauptbahnhof: Wiener Platz 4, Mo–Fr 9–19, Sa 10–18, So 10–16 Uhr

Dresden Welcome Cards

Die Cards sind eine Kombination aus Fahrschein für Bus und Bahn und Eintrittskarte bzw. Rabatt für zahlreiche Museen, Stadtführungen, Theater und Restaurants. Sie sind in den Tourist-Informationen im QF an der

FESTE UND FESTIVALS, ZU DENEN SICH DIE ANREISE LOHNT

Dresdner Musikfestspiele: internationales Festival Klassischer Musik mit hochkarätigen Konzerten an verschiedenen Orten (Mai, Juni, www.musikfestspiele.com).

Internationales Dixieland Festival Dresden: Openair-Sessions im Stadtzentrum und große Parade (Mitte Mai, www.dixieland.de).

Bunte Republik Neustadt: alternatives Stadtteilfest der Äußeren Neustadt (s. Foto oben; 3. Juni-Wochenende, www.bunterepublikneustadt.de, www.brn-dresden.de).

Elbhangfest: Das Kunst- und Bürgerfest feiern die Hangbewohner von Loschwitz bis Pillnitz in Eigenregie (letztes Juni-Wochenende, www.elbhangfest.de.)

Filmnächte am Elbufer: Open-Air-Leinwand und -bühne für Filme und Popkonzerte am Königsufer (Juli, Aug., dresden.filmnaechte.de).

Scheune-Schaubudensommer: mit Gauklern, Musikern und Artisten hinter der Scheune in der Neustadt (Anfang Juli, www.schaubuden sommer.de).

Museumsnacht: Endlich grätscht einmal keine Schließzeit in den Kunstgenuss. Dafür ein riesiges Programm. (1. Sonnabend im Juli, www.dresden.de/museumsnacht)

Striezelmarkt und andere Weihnachtsmärkte: Ab dem Donnerstag vor dem 1. Advent wird die ganze Stadt zum Weihnachtsmarkt (Dez., www.dresden.de/striezelmarkt.

Im Abendlicht: Kanuten auf der Elbe bei Pillnitz

Frauenkirche, im Hauptbahnhof und an den Servicepunkten der DVB oder per Online-Bestellung erhältlich (ab 15 €/24 Std., www.dresden.de/cards).

REISEN MIT HANDICAP

www.dresden.de/barrierefrei
Online-Stadtführer und Stadtpläne für Menschen mit Mobilitätseinschränkungen; Broschüre »Sachsen barrierefrei« unter www.sachsen-tourismus.de
Infos zu Haltestellen, zu Bus und Straßenbahn: www.dvb.de/barrierefrei

Ü
ÜBRIGENS

Die **Straßenbahnlinie 4** eignet sich für eine **preiswerte Stadtrundfahrt.** Sie fährt an vielen wichtigen Sehenswürdigkeiten vorbei: Großer Garten, Altmarkt, Zwinger, Residenzschloss, Semperoper, Hofkirche, Augustusbrücke, Goldener Reiter und Japanisches Palais. Mit ihrer Endhaltestelle in Weinböhla noch hinter Radebeul ist sie zudem die längste Linie.

UMWELTFREUNDLICH UNTERWEGS

Dresdner Verkehrsbetriebe (DVB)
Mit zwölf Straßenbahnlinien, 27 Buslinien, drei Elbfähren und den beiden Bergbahnen am Loschwitzer Elbhang sorgt die DVB für ein dichtes ÖPNV-Netz in Dresden. Alle 60er-Busse und alle Straßenbahnen fahren von 6 bis 18 bzw. 20 Uhr im 10-Minuten-Takt, danach in längeren Intervallen.

Tickets: Kurzstrecke (bis 4 Haltestellen, 4er-Karte: 6,20 €), Einzelfahrt (2,70 €), Tageskarte (gültig bis 4 Uhr des Folgetages, 6,90 €), Familientageskarte (10,60 €), Kleingruppenkarte (bis 5 Pers., 17,50 €) und Wochenkarte (22,90 €); Tariferhöhungen sind geplant. Kinder bis 6 Jahre fahren frei. Die Mitnahme von Fahrrädern ist gestattet, dafür benötigen Sie aber eine Fahrradtageskarte (2,20 €). Für Hunde gilt ein ermäßigter Fahrschein. Das Gebiet Dresdens ist die Tarifzone 1, für weiterführende Fahrten gelten entsprechende Tickets über mehrere Tarifzonen bzw. den Verbundraum.

ServicePunkte der DVB: Haltestellen Hauptbahnhof, Prager Straße, Postplatz, Hauptbahnhof und Prager Straße, T 0351 857 10 11, www.dvb.de

Verkehrsverbund Oberelbe (VVO)
Im Regionalverkehr verbindet der VVO Dresden per Bus und S-Bahn mit der Umgebung.
Die S-Bahn S1 fährt ab Neustädter Bahnhof, Bahnhof Mitte und Hauptbahnhof nach Meißen und nach Pirna und in die Sächsische Schweiz.

Auskunft: T 0351 852 65 55, www.vvo-online.de, www.bahn.de

Fahrradverleih
Mietstation: T 0151 25 20 00 80, www.mietstation-dresden.de, ab 2 €/Tag; Fahrräder, E-Bikes und alles für den Lasten- und Kindertransport
Neustadt/Nähe Albertplatz: Glacisstr. 5, Mo–Fr 10–13, 15–18, Sa 10–13, 15–19, So 10–13, 16–19 Uhr

Roll On Dresden: Nähe Albertplatz, Königsbrücker Str. 4a, T 0351 82 87 40 99, www.rollondresden.de, Mo–Fr 10–15, Sa 10–13 und 18 Uhr (Rückgabe E-Bikes), ab 10 €/Tag Roller, E-Bikes, Fahrräder, Kinderräder, -anhänger. Über die Bikesharing-App mieton.de ist es möglich, City-Tourenräder unabhängig von den Öffnungzeiten auszuleihen und abzustellen.

UNTERWEGS MIT DEM TAXI

Telefonische Bestellung: T 0351 211 211. Nach Anruf sollte innerhalb von 5 Min. ein Taxi verfügbar sein.
Tarife: Grundpreis 4 €, 5–20 Uhr 1.–3. km 2,70 €, ab 4 km 2,20 € (20–5 Uhr und So, Fei 2,80 € und 2,30 €)
Infos: www.taxi-dresden.de

STADTRUNDFAHRTEN

Stadtrundfahrt Dresden
Die rot-weißen Doppeldecker-Busse steuern auf ihrer Rundfahrt 22 Ziele bzw. Haltestellen an, an denen man nach Belieben aussteigen und mit einem späteren Bus weiterfahren kann. An einigen Haltestellen wird eine Führung zu Fuß angeboten, z. B. zu Zwinger, Frauenkirche oder Fürstenzug.
Standardtour: Start Zwinger/Postplatz, April–Okt. 10–17 Uhr alle 15 bis 30 Min., Nov.–März tgl. 10–16 Uhr, alle 30–60 Min. Fahrdauer 1,5 Std., Preis 20 €, bis 14 Jahren kostenlos
Info: T 0351 899 56 50, www.stadtrundfahrt.de

Sächsische Dampfschifffahrt
Die historischen Schaufelraddampfer der Sächsischen Dampfschifffahrt fahren von Diesbar-Seußlitz bis in die Sächsische Schweiz. Die kürzeste Strecke dauert 30 Min, die kürzesten Rundfahrten führen von der Altstadt ins Villenviertel Loschwitz (1,5 Std.) oder bis Schloss Pillnitz (3 Std.). (Dresden-Blasewitz: 1 Tarifzone, 14/10 €, ein Kind pro Erwachsener frei, Ticketverkauf und Start am Terrassenufer, T 0351 86 60 90, www.saechsische-dampfschifffahrt.de.)

STADTRUNDGÄNGE ODER STADTRUNDFAHRTEN PER RAD

An der Dresden-Information im QF an der Frauenkirche starten von Mo–Sa jeweils um 10.30, 12.30 und 16 Uhr **Führungen mit Gästeführern** durch die Innenstadt (Dauer: ca. 100 Min., 13 €/Pers., erm. 11 €).

Kerstin Klauer führt gewitzt, herzlich und immer mit Tipps für gute Einkehrgelegenheiten durch Dresden, auch per Rad (und sie verrät auch, woher man eins bekommt; 2 Std./10 € pro Pers. mind. 10 Pers., T 0351 801 90 48, www.stadtführung-dresden.de).

Igeltour bietet Führungen von klassisch bis ungewöhnlich zu Literatur und Zeitgeschichte, Weinwegen und Gartengestaltung. (ab 8 €, T 0351 804 45 57, www.igeltour-dresden.de).

O-Ton Dresden

Ohr isch wer bleede.

Ich werd' verrückt.

Mir gehn boofn.

Einen Ausflug in die Sächsische Schweiz mit Übernachtung unterm Felsvorsprung machen.

Knaggor? Gibs beim Flescher.

Metzger heißen Flescher, und Knaggor sind leckere luftgetrocknete Rohwürste. Oder auch alte Männer.

Nu gugge ma da.

Sieh mal an.

NU!

Omnipräsente Bestätigungssilbe für alles zwischen »Ja«, »Stimmt«, »Richtig«. Kann sich zu »Nu glor« auswachsen: »Na klar«.

Übelst nett!

Sehr nett!

Das is do viehsch!

Das ist eine starke Nummer!

Den Deez einrammeln.

Den Kopf einhauen.
Auch als Drohung: »Krischst glei ehne ofn Deez!«

Ei verbibsch!

So etwas! Verflixt nochmal!

Wir treffen uns unterm Strick.

Gemeint ist die Kuppelhalle des Hauptbahnhofs. In der Mitte hing jahrzehntelang die übrig gebliebene Halterung eines Kronleuchters herab.

BLIEMCHENGAWE

Dünn gebrühter Kaffee (sodass das Blümchendekor auf dem Boden der Tasse noch zu sehen ist), auch Malz- oder Milchkaffee.

A

B

C

D

E

Das Klima im Blick
Reisen bereichert und verbindet Menschen und Kulturen. Wer reist, erzeugt auch CO_2. Der Flugverkehr trägt in erheblichem Maße zur globalen Erwärmung bei. Wer das Klima schützen will, sollte sich – wenn möglich – für eine schonendere Reiseform entscheiden oder die Projekte von atmosfair unterstützen. Flugpassagiere spenden einen kilometerabhängigen Beitrag für die von ihnen verursachten Emissionen und finanzieren damit Projekte in Entwicklungsländern, die dort den Ausstoß von Klimagasen verringern helfen (www.atmosfair.de). Auch die Mitarbeiter des DuMont Reiseverlags fliegen, wenn überhaupt, mit atmosfair!

Abbildungsnachweis

DuMont Bildarchiv, Ostfildern: S. 51, 54, 71 (Martin Kirchner)
Fotolia, New York (USA): S. 4 u. (Leonid Andronov); 42 (Pabkov); 49 (uskm)
Glow-Images, München: S. 44 (Ernst Wrba)
iStock.com, Calgary (CA): S. 56 (Thomas Demarczyk)
Karl May Gesellschaft e.V., Radebeul: S. 120/8
laif, Köln: S. 120/1 (Andreas Chudowski); 37 (Daniel Biskup); 31, 96 (Dorothea Schmid); 94 (Gregor Lengler); 4 o., 14/15, 48, 57, 74, 80, 84, 88 (Gulliver Theis); 112 (Huber); 36 (Jörg Glaescher); 97, 104 (Le Figaro Magazine/Stehan Gladieu); 98 (Martin Kirchner); 120/9 (Max Galli); 73 o. (Peter Hirth); 7 (Peter Rigaud); 27 (Polaris/Hermann Bredehorst); 103 (Thoma Babovic); 12/13, 86, 90, 100 (Thomas Linkel)
MATO, Hamburg: S. 53 (Kenny Scholz); 59 (SIME/Sandra Raccanello)
Mauritius-Images, Mittenwald: S. 20, 92 (Alamy/Blaine Harrington III); 78/79 (Alamy/GLC Pix); 120/4 (Alamy/Keystone Pictures USA); 23 (Alamy/PHOTOBYTE); 82 (Dave Derbis); 73 u. (Ernst Wrba); Umschlag, Faltplan (imagebroker/Alexander Schnurer); 33 (imagebroker/Michael Weber); 26 (John Warburton-Lee/Michele Falzone); 8/9 (McPHOTO/Uwe Gernhoefer); 76 u., 101 (Travel Collection/Gregor Lengler); 120/6 (United Archives)
picture-alliance, Frankfurt a. M.: S. 28, 43, 62, 70 (dpa/Arno Burgi); 60 (dpa/Britta Pedersen); Umschlagklappe hinten, 16/17, 75 o. (dpa/Sebastian Kahnert); 120/5 (Jörg Carstensen); 39, 40 (Martin Kirchner); 120/2 (Monika Skolimowska); 32 (Ole Spata); 45, 66 (Oliver Killig); 93, 106, 109 (ZB/Britta Pedersen); 30, 34, 52, 63, 67, 83, 111, 120/7 (ZB/Matthias Hiekel)
Shutterstock.com, Amsterdam (NL): S. 24 (Georgios Tsichlis)
Wikimedia Commons: S. 120/3 (CC PD)
Zeichnungen: S. 5 (Antonia Selzer, St. Peter); 2, 11, 25 (Gerald Konopik, Mammendorf)

Kartografie

Umschlagfotos

Titelbild: Neumarkt mit Frauenkirche
Umschlagklappe hinten: Radler früh am Morgen auf der Marienbrücke, vor der Silhouette der Altstadt.

Hinweis: Autorin und Verlag haben alle Informationen mit größtmöglicher Sorgfalt geprüft. Gleichwohl sind Fehler nicht vollständig auszuschließen. Alle Angaben erfolgen ohne Gewähr. Bitte schreiben Sie uns! Über Ihre Rückmeldung zum Buch und Verbesserungsvorschläge freuen sich Autorin und Verlag:
DuMont Reiseverlag, Postfach 3151, 73751 Ostfildern,
info@dumontreise.de, www.dumontreise.de

FSC
www.fsc.org
MIX
Papier | Fördert gute Waldnutzung
FSC® C018236

3., aktualisierte Auflage 2023

Autorin: Siiri Klose
Redaktion/Lektorat: Susanne Völler, Ulrike von Düring
Grafisches Konzept: Eggers+Diaper, Potsdam
Printed in Poland

Kennen Sie die?

Olaf Schubert

»Dresden hat zwar das ganze barocke Gedöns …«, aber auch jemanden, der verquast davon berichtet! Schubert! Er bezeichnet sich selbst als: »Betroffenheitslyriker, Musiker, Poet, Weltbürger, Kosmopolit, Steuermann und Freidenker«.

Marion Ackermann

Frauenquote übererfüllt: Die Generaldirektorin der Staatlichen Kunstsammlungen hat gleich vier Sammlungsdirektorinnen unter sich.

August der Starke

Der Kurfürst war der größte Stadtentwickler Dresdens. Und generell ein Mann der Superlative: Mit bloßen Händen soll er Hufeisen zerbrochen haben, und auch im Bett ein Kraftprotz gewesen sein …

Erich Kästner

»Wenn es zutreffen sollte, daß ich nicht nur weiß, was schlimm und häßlich, sondern auch, was schön ist, so verdanke ich diese Gabe dem Glück, in Dresden aufgewachsen zu sein.«

Katja Kipping

»Wir sind das Kontrastprogramm zur autoritären Rechten!« Markige Worte der Dresdnerin und ehemaligen Chefin der Linken.

Gret Palucca

Etablierte den Modernen Tanz in Dresden. Als junge Elevin hatte Palucca das Ballettstudium mit der Begründung »Ich will nicht hübsch und lieblich tanzen!« abgebrochen.

Der ›Pflaumentoffel‹

Alle Jahre wieder ist das aus Pflaumen zusammengesteckte Männlein auf dem Striezelmarkt anzutreffen. Es gilt als Glücksbringer, darf aber auch aufgefuttert werden.

Karl May

Na, fast Dresdner. Noch ist sein Wohnort Radebeul nicht eingemeindet, und genau dort liegt die ›Villa Shatterhand‹, Karl Mays Wohn- und Sterbehaus.

Gerhard Richter

In der Kunsthochschule fängt jeder mal mit Aktzeichnen an. 2015 kaufte ein Sammler ein Bild Richters für 41 Mio. € – damit gilt er als der teuerste lebende Künstler.